Frauen Land Frauen

Werner Wüthrich

Frauen Land Frauen

mit Bildern von Carmela Odoni

Verlag Huber Frauenfeld/Orell Füssli AG
Frauenfeld und Zürich 2011

Dank an Druckkostenbeiträge und Unterstützung für das Buch

KulturStadtBern

**Erziehungsdirektion
des Kantons Bern**

© 20011 Verlag Huber Frauenfeld
an Imprint of Orell Füssli Verlag AG, Zürich, Switzerland
Alle Rechte vorbehalten
www.verlaghuber.ch

Umschlaggestaltung: Barbara Ziltener, Frauenfeld
Umschlagfotos von Carmela Odoni, Bern
Lektorat: Martin Dreyfus
Druck: fgb • freiburger graphische betriebe, Freiburg

ISBN 978-3-7193-1568-9

Bibliografische Information der Deutschen Nationalbibliothek
Die Deutsche Nationalbibliothek verzeichnet diese Publikation in der Deutschen Nationalbibliografie; detaillierte bibliografische Daten sind im Internet über http://dnb.d-nb.de abrufbar.

Inhaltsverzeichnis

*Wenn ich auf Wanderungen durch unsere Landschaften
mit Bäuerinnen und Frauen vom Land ins Gespräch komme,
begegne ich stets mir selber.*

Werner Wüthrich

Bäuerliche Kultur

I

Eine bäuerliche Kultur haben heisst für mich eine Heimat haben. Heute noch nicht verarmt sein und etwas Eigenes wie unseren Hof besitzen, den uns die Eltern vor ein paar Jahren zunächst anvertraut und später dann vererbt haben. Damit meine ich, etwas Bodenständiges sein eigen nennen, wie man so sagt. Daraus leiten wir eine Haltung ab, die uns Tag und Nacht versichert: Es gilt auch morgen, was wir gestern getan und heute gesagt haben. Das Wort gilt. Die eigene Meinung ebenso, die hoffentlich nie einer Windfahne ähnlich sieht.

Unter bäuerlicher Kultur, die für mich lediglich ein anderes Wort für Heimat ist, fasse ich noch immer all das Bleibende, das Starke, auch eine Kontinuität, zusammen: Ich möchte sagen, dass am morgigen Tag unser Kuhstall, die Melkanlage und Milchkannen wie auch die grossen und der kleine Traktor noch dort zu finden sind und immer so für die Arbeit bereit stehen, wo sie beim letzten Rundgang durch den Hof gestern waren oder wo wir sie nach der Feldarbeit hingefahren haben. Die Gewissheit und das ewig gleich Bleibende betrifft hier, das ist auf einem Bauernhof ganz natürlich, sämtliche andere Bereiche ebenso: Sei es der alte Lindenbaum vor unserem Haus, eine Pflanze im Topf auf meiner Laube oder einen Strauss Feldblumen in der Vase auf dem Küchentisch. Oder seien es ein paar Kieselsteine, die Pfütze mit Regenwasser, die Schlehdornenhecke, die Trockenmauer am

Weg zum Hof, der steinige Bach und ein einzelner Felsbrocken dort unten am Ende des Tals, wo unsere Wiese, Äcker und Felder sind, oder gar in der Ferne das Bergmassiv, der Alpenkranz und die Hochalpen, in der weiteren Umgebung. In jedem Beispiel für «Heimat» ist immer auch das Wort «Gewissheit» enthalten.

Viele Bäuerinnen und Bauern aus unserer Talgemeinde, die wir zum Teil schon recht gut kennen und regelmässig besuchen, sind der gleichen Auffassung. Ihre Beispiele und Bilder mögen andere sein, ihre Einschätzungen, was uns die bäuerliche Kultur und eine Heimat ist, werden sie mit mir teilen.

II

Wenn die bäuerliche Kultur mir und uns allen ein anderes Wort für Heimat ist, was es wohl seit Menschengedenken immer war, muss ich jetzt – und wills unumwunden zugeben – gestehen, wie dieses «Heimat» mir langsam zu einem ziemlich verfänglichen Begriff geworden ist. Allzu oft bekommt es, wie mir scheint, in unserer Alltagssprache einen problematischen, ja teils höchst gefährlichen Wortsinn. Denn für uns alle, Bäuerinnen und Bauern, ist dieses abgegriffene «Heimat» nur mehr ein anderes Wort für «Gewohnheit» geworden. Für einen Zustand ganz im Allgemeinen, den ich ja glücklicherweise nicht mehr hinterfragen muss. So, dass von uns jede und jeder, ob Schwiegervater oder Enkelkind, bloss sagen wird oder nur noch nachplappert: Wir haben das oder jenes schon immer so und auf keine andere Art gemacht.

Auf jedem Bauernhof oder in jedem Betrieb kann so ein unüberlegt gesprochener Satz, den man viel zu leicht ausspricht und den wir selber immer wieder zu hören bekommen, höchst fatal und heute für uns selber gefährlich sein. Weil es früher so gemacht wurde, haben wir es jetzt auch so zu machen, darf auf einem Hof einfach keine Begründung mehr sein.

Im Gegensatz zu diesen so bequem abgegriffenen und viel zu leicht über die Zunge gehenden, oft auch missbrauchten «Gewohnheiten» und «Heimat»-Begriffen wünschte ich mir nichts sehnlicher, als dass durch das gleiche Wort einmal eine ganz andere Haltung zum Ausdruck käme, in dem Sinn zum Beispiel, dass er eigentlich plötzlich das genaue Gegenteil sagen möchte: Schon, schon, gewiss. Du hast vollkommen recht, aber so ganz halt doch nicht. Du verstehst, mein lieber Freund, wir könnten ja bei uns selber vielleicht mal etwas zu ändern versuchen. Auf unserem traditionellen Betrieb, ja, du verstehst mich, auch in der Landwirtschaft. Einen neuen Betriebszweig versuchen, eine Arbeit ein ganz klein wenig anders anpacken. Ja, unter Umständen wäre dies anders zu bewerkstelligen. Die grosse Vergangenheit, die Tradition und das ewig Gewohnte in Ehren, aber wir könnten da und dort, in Feld und Stall, wirklich noch das eine und andere verändern. Und dies, ohne gleich – oder noch lange nicht oder gar plötzlich, von heute auf morgen – miteinander eine ganz andere Sprache zu sprechen, mit einem gegenteiligen Wortsinn.

Doch das wiederum zeigt bei den Worten von bäuerlicher Tradition und Heimat meinen eigenen Zwiespalt, denn ich habe gleichzeitig, um vor mir selber ehrlich zu sein, einen anderen Satz auch beizufügen: All das Altbewährte, wie man so sagt, das Überlieferte, ist nicht immer nur das Schlechteste.

III

Ich lebe nun seit geraumer Zeit schon mit dieser zwiespältigen Haltung, wenn ich das Wort «Heimat» höre oder selber ausspreche. Oder, genauer gesagt, mit dem Gefühl, was so eine Worthülse alles umgeben und zum Ausdruck bringen kann. Die Übergänge dabei sind fliessend wie die Begriffe selber. Vermag ich beim Sprechen die kleinen grossen Unterschiede hinter den Wörtern zu erkennen, könnte ich diese auch benennen und daraus Fragen ableiten, etwa: Was genau ist das Altbewährte heute noch? Wo beginnt und wo endet der Begriff «Heimat»? Wo haben wir noch, wo nicht mehr eine bäuerliche Tradition? Wie gut oder schlecht könnte ich mich denn erinnern, wies früher einmal gewesen ist auf dem Hof der Vorfahren? Vielleicht möchten wir als Bäuerin und als Bauer auch einmal vergessen können, was unter dem Dach eines Bauernhauses zu Zeiten von Jeremias Gotthelf gewesen ist, an Freuden und Leiden?

Wenn ich für all unsere Bekannten, Nachbarn und Bauernfamilien auf die Frage nach der heutigen Landwirtschaft und der bäuerliche Tradition eine Antwort geben oder gar für diese Frauen und Männer sprechen müsste, erginge es den meisten wie meinem Mann und mir: Niemand kann ahnen oder gar im Voraus wissen, was die Zukunft für einen jeden in Sachen Hof, Einkommen, Verdienst und Geld wie in Sachen Lebensfreude, Glück und Gesundheit bereit hält. Es sind fast immer gleich Dinge, die wir bei den Besuchen mit ihnen besprechen und die uns alle mehr, als uns lieb ist, beschäftigen: Wie lange noch werden wir, Landwirtinnen und Landwirte, unsere Betriebe noch wie bisher führen und all die Arbeiten, die zwar vielseitig und beinahe unendlich abwechslungsreich sind, verrichten können? Wie lange vermag man all dies im Haus und auf dem Feld noch zu bewältigen?

IV

Die bäuerliche Kultur, vergleiche ich ihre Zukunft mit dem, was sie für meine Vorfahren einmal war, hat für uns eine viel beachtete und oft beschriebene grosse Vergangenheit. Die bäuerliche Kultur war einst, das weiss jedes Kind, gleichzusetzen mit der Tradition unseres Landes. Noch wären gegenwärtig davon landauf und landab Zeugnisse zu sehen. Aber hat die bäuerliche Kultur denn auch eine Zukunft? Ich weiss keine Antwort. Ich kann es nicht sagen. Was ich aber mit Sicherheit weiss: Niemand kann uns eine Garantie geben, ob wir unseren Hof, den schön gelegenen und den ertragreichsten Betrieb der ganzen Gemeinde, noch in fünf, zehn oder zwanzig Jahren bewirtschaften werden. Das kann uns keine Partei, kein Bundesamt und keine landwirtschaftliche Beratungsstelle sagen. Heute nicht und morgen nicht.

Für unsere junge Familie geht jede Zukunft, auch diejenige einer bäuerlichen Lebensweise, noch bis ans Ende der Nacht. Wohl wahr, in einzelnen Zweigen der Produktion, der Nischen und kleineren Bereiche könnte die Zukunft tatsächlich morgen in der Früh, wer weiss, sogar bis zum übernächsten Tag gehen. Vielleicht, allerdings immer ohne Gewähr.

Ein Bauernhof bedeutet Freiheit

I

In Momenten wie diesen, wenn ich vor unserem Bauernhaus sitze und inne halte mit den Arbeiten auf dem Hof, hätte ich es gern, wenn mich meine Grosseltern noch sehen könnten. Ein einziges Mal bloss, um jetzt mit meiner Grossmutter und meinem Grossvater zusammenzusein und um mit den beiden Erfahrungen auszutauschen. Wie gern möchte ich ihnen schildern, auch wenn es bloss in ein paar Sätzen wäre, welch grosse Bedeutung sie in meinem Leben bekommen haben. Ich wundere mich allerdings sehr, da ich beide in meiner Kindheit, wie man so sagt, als Grosseltern von früher erlebt und in Erinnerung behalten habe. Umso erstaunlicher, wie oft sie mich in letzter Zeit, in meinen Gedanken, wieder besuchten und bei den Arbeiten auf dem Hof, in Feld und Stall, begleitet haben. Sie sind mir dabei Schritt um Schritt so etwas wie Vorbilder geworden.

Schon in meiner Kindheit bekam ich erste Einblicke in ganz unterschiedliche Bauernfamilien und lernte durch die beiden Familien meines Vaters und meiner Mutter auch drei verschiedene landwirtschaftliche Betriebe kennen: Die einen Grosseltern führten am Stadtrand von Bern einen Bauernhof mit wenig Getreide, mit einem Dutzend Kühe, mit Hühnern, Kaninchen und ein paar Schweinen. Sie besassen noch drei Pferde, betrieben vor allem Gemüseanbau und führten vom Frühling bis in den Spätherbst auf ihrem Hof einen Direktverkauf.

Einen modernen landwirtschaftlichen Betrieb erlebte ich später bei entfernten Verwandten am Stadtrand von Fribourg. Es waren sehr aufgeschlossene Bauersleute. Mit der Bäuerin und ihrem Mann ergaben sich während meiner Schulzeit, wo ich auf ihrem Hof oft Ferien auf dem Land verbringen und mithelfen konnte, anregende und interessante Gespräche über bäuerliche Tradition und die Sachzwänge einer heutigen Landwirtschaft.

Später, nach der Versteigerung des Hofes der Grosseltern, besuchte ich diese hin und wieder in ihrem neuen Zuhause und erfuhr gegen Ende meiner Schulzeit im Emmental auch noch, wie ein sehr traditioneller Berner Bauernhof mit Graswirtschaft, vielen Kühen und mit einigen kleineren Getreidefeldern bewirtschaftet wurde. Auf diesem Hof, wenige Schritte vom Haus meiner Grosseltern entfernt, lebten damals ihre neuen Nachbarn. Es war von alters her noch immer eine Familiengemeinschaft. Eine Landwirtschaft, die mir am Ende des zwanzigsten Jahrhundert vorkam wie vor zweihundert oder noch mehr Jahren. Die Zeit schien still gestanden zu sein auf diesem typischen und sehr stattlichen Bauernbetrieb wie zu Zeiten von Jeremias Gotthelf.

Nach meiner Konfirmation und der obligatorischen Schulzeit, also wiederum einige Jahre später, als ich etwas ausserhalb der Ortschaft Münsingen die Landwirtschaftliche Schule absolvierte und mich zur Bäuerin ausbilden liess, lernte ich neuere Formen und einige spezialisierte Betriebe und Bauernhöfe kennen, mitunter in Gesprächen mit Bäuerinnen und Bauern, die nach Alternativen und einer Nischenproduktion suchten und die auf ihren Höfen nun da und dort nicht mehr nur traditionelle, sondern oft neue und ziemlich ungewohnte Produkte anbauten.

II

Mein Grossvater und meine Grossmutter sind nicht mehr da. Sie lebten am Stadtrand von Bern und bewirtschafteten vom Zweiten Weltkrieg bis Mitte der achtziger Jahre in der Agglomerationsgemeinde einen Pachthof. Noch bevor ich zur Schule ging, verbrachte ich dort, bei meinen Grosseltern, immer wieder einige Tage oder manchmal auch eine ganze Woche. An ihren Bauernhof, einen Riegelbau, habe ich nur mehr vage Erinnerungen. Das riesige Haus steht heute zwar noch, doch lebt dort seit Jahren keine Bauernfamilie mehr, und ihre Matten, Obstgärten und Felder sind wohl alle überbaut. Für mich als Ferienkind war alles dort von unendlichen Dimensionen. Die unzähligen Zimmer, die vielen Treppen und Stockwerke. Eine schier endlos lange, schmale Küche mit einem Holzofen zum Brotbacken. Die Holzhäuser, Wagen- und Holzschöpfe. Die Tennen, mehrere Sandsteinkeller. Eine Heubühne. Der Speicher mit Hühnerhof und Unterständen für Maschinen. All das schien mir unendlich gross und weit und mächtig, so weit halt meine Kinderaugen zu sehen vermochten. In Wirklichkeit aber war es, wie ich heute weiss, doch bloss ein ganz normal grosses Berner Bauernhaus. Doch das sind alles Erinnerungen und erste kindliche Eindrücke, die schon sehr, sehr weit zurückliegen. Und trotzdem, ob ich es wahr haben will oder nicht, schwirren mir noch jeden Tag Bilder von diesem ersten Bauernhaus und Hof im Kopf umher. Die kommen und gehen, wann es ihnen beliebt. Bilder, die alle noch sehr präsent sind. Vor allem, wenn ich mit meinem Vater über seine Eltern rede. Dort muss ich wohl, obwohl ihr Hof von der Zeit her am weitesten weg ist und in der Erinnerung am weitesten zurückliegt, die meisten Prägungen erfahren haben, denn sonst könnte mir heute vieles, insbesondere die Grossmutter und der Grossvater, nicht jeden Tag so gegenwärtig sein. Ich erinnere mich zum Beispiel recht gut an ihre Rösser. Die drei Pferde waren auf diesem Hof ganz wichtig. Allein schon beeindruckend war, dass ich, das kleine Mädchen, sie in Grossmutters Riesenküche stets gehört habe. Der Pferdestall lag dort nämlich direkt an der Wohnung, sodass man in der Küche beim Kochen und allen Malzeiten jeden lauten Schnaufer der Pferde draussen im Stall oder wenn eines mit den Hufen an die Trennwand oder den Plamper geschlagen hat, deutlich zu vernehmen war.

Ich mag mich vor allem noch gut an zwei Freiberger erinnern. Das Pferd Franz war der Gemächlichere, der Rex dagegen der Jüngere, auch Feurigere. Mein Grossvater hat mir jeweils gesagt, ich soll auf den Dängelistein vor dem Haus steigen, wenn die Pferde aus dem Stall geholt und angeschirrt wurden. Einmal hatte er mich auf eines der beiden, vermutlich auf den Franz, hochgehoben, und ich durfte dann kurze Zeit auf dem Pferd sitzen. Noch in meiner frühesten Erinnerung – es muss etwa die Zeit bis zum Kindergarten gewesen sein – sind mir, im hinteren Teil des Pferdestalls, die Kälbchen und drei eingemauerte Schweinekogen geblieben. Und dass der Grossvater zu mir eines Tages gesagt hat, wenn die Grossmutter davon nichts erfahre, dürfe ich mit ihm die drei Pferde füttern.

In den Stall ist man mit mir kaum je gegangen, denn das war zu gefährlich. Der Kuhstall war für mich denn auch mit einem Verbot belegt, und ich konnte erfahren, wie viele Kühe der Grossvater in seinem Stall stehen hatte. Ein einziges Mal haben mich die Grosseltern in den Kuhstall geheissen als eine Kuh ihre Wehen bekam und dann gekalbt hat. Sie haben mich auf einen Ballen Stroh gesetzt, damit ich bei der Geburt zuschauen konnte und wie der Grossvater und die Grossmutter zusammen das Kälbchen aus dem Muttertier gezogen haben. Nein, halt! Jetzt bin ich mir nicht sicher, ob diese Geburt auch wirklich schon auf dem Hof meiner Grosseltern stattgefunden hat. Oder ob sich dieses Bild in der Erinnerung nicht bloss vermischt mit dem, was ich heute auf unserem Hof beinahe wöchentlich erlebe. Noch sehe ich vor mir, wie ein kleines krauseliges Geschöpf hinter dem Läger auf dem Stroh im Stallgang lag, das ein furchtbar nasses geschecktes Fell hatte. Und ich höre noch meine Grossmutter sagen, ein Neugeborenes berühre man nicht, als ich zu ihm hingehen und es streicheln wollte. Das junge Tierchen sei für mich, ihr kleines Enkelkind, einfach unansehnlich und schrecklich grauslich.

Diese und ähnliche Bemerkungen hörte ich immer wieder. Sie waren für mich eigentlich schlimm. Denn es waren ja genau diese wohlgemeinten Ermahnungen, die mich seit der Zeit bei meinen Grosseltern und erst recht später, auf all den anderen Bauernhöfen, mehr oder weniger ständig verfolgt haben. Sie haben mich ein jedes Mal in meinem Innersten getroffen und haben mich betroffen gemacht: Berühre ein neugeborene Kälbchen bitte nicht, weil du ja aus der Stadt zu uns gekommen bist. Das sollte heissen: weil du ein anderes Leben vor dir hast und ganz sicher einmal «ein feines Fräulein» werden wirst. Immer, immer wieder hiess es auf den Bauernhöfen: Du kommst halt von woanders her, bist nur aus der Stadt und kannst unser Leben ganz unmöglich je verstehen. Dabei wäre ich doch so gern jemand vom Land gewesen, bloss einmal. Auch in den Augen meiner betagten, lieben Grosseltern.

III

Einmal liess meine Grossmutter die Hühner ihre Eier ausbrüten, bloss um mich, das Enkelkind aus der Stadt, zu lehren
und mir noch zu zeigen, woher die jungen Hühner und all
die Vögelchen eigentlich kommen und wie aus einem ganz
gewöhnlichen Hühnerei die kleinen Küken die Schalen auf-
picken und dann schlüpfen. Das Ausbrüten der Eier hat
Grossmutter allein nur für mich gemacht, denn in der Regel
hatte sie die Hühner nie brüten lassen und jeden Frühling
bloss einige junge Legehennen dazugekauft.

Ich mag mich auch an zwei «Steckdosen» erinnern, die einen
aus ihrem zugedeckten Loch angestarrt haben. Diese Tiere
könnten mich aber, sollte ich je die Klappdeckel wegschie-
ben, mit einem furchterregenden Geschrei und lauten
«Gmöög» erschrecken. So berührte ich denn diese «Steckdo-
sen-Deckel» nie, und viel später erst habe ich erfahren, dass
die «Steckdosen» bei den Grosseltern in Wirklichkeit die
Schweine gewesen waren. Ohne Ausnahme sind die Tiere
auf einem Bauernhof, wurde mir eingeimpft, für mich, den
kleinen Gast auf dem Land, gefährlich. Da machte man einen
grossen Bogen um jedes Tier herum. Denn eines war klar:
Grosse Tiere sind für kleine Kinder gefährlich und bedeuten
in jedem Fall eine Gefahr.

Einen grossen und sehr hohen Wagenschopf sehe ich auch
noch vor mir. Dort ist man auf all die Fuhrwerke und Wagen
heraufgeklettert und wieder runtergekrabbelt – Heu- und
Erntewagen, zum Teil noch mit Riesensprossen aus Holz, die
mein Grossvater zum Teil selber gebaut hatte. Da war dann
auch die Werkstatt, wo mein Grossvater immer alle mögli-
chen Dinge gezimmert oder geflickt hat. Oft wurde ich dort
auf eine Kiste gesetzt und konnte ihm zuschauen. So war ich

beaufsichtigt und man hat ja auch keinen Blödsinn und nichts dergleichen anstellen können.

Am Ende der langen Küche war es absolut verboten, allein durch die mächtige Türe aus dem Haus zu gehen. Auf der unteren Seite war eine Jauchegrube. Dort durfte man sich überhaupt nicht aufhalten. Beeindruckt hat mich aber, dass das Abwaschwasser oft aus der Küche getragen wurde und die Grossmutter dann mit dem Becken auf der Terrasse ihre Blumen gegossen oder einen Teil auch in den Jauchekasten hinein geleert hat. Einzelne Dinge sind es, die mir von diesem Hof in Erinnerung geblieben sind. Aber wie viele Zimmer das Bauernhaus wirklich hatte, habe ich nie erfahren.

IV

Die Erfahrungen auf dem grosselterlichen Pachthof haben sich immer stark von den Erlebnissen zuhause unterschieden. Bei den älteren Geschwistern und den Eltern, so der Eindruck während meiner Jugendzeit, kam immer an erster Stelle ihre Arbeit, die Büros, Geschäftsstellen oder Firmen. Das heisst, ihre Brotberufe und ihre Anstellungen. Das scheint mir merkwürdig paradox zu sein, da es auf dem Land und bei den Bauernfamilien gar nicht so unähnlich ist. Die Grosseltern und all die Bäuerinnen und Bauern, die ich kennengelernt habe und mit denen ich je zusammen gearbeitet habe, hatten für sich doch auch ihre Arbeiten auf dem Hof immer an die erste Stelle gesetzt. Und, im Grunde genommen, nichts, gar nichts als diese. Dennoch gab und gibt es, wie mir scheint, ganz wesentliche und entscheidende Unterschiede. Bei den Bauernfamilien werden die Kinder oft zu den Stall- und Feldarbeiten mitgenommen. Sie waren und sind – wie auch meine Kinder – stets um die Eltern oder Grosseltern und sind bei allen Vorgängen dabei.

Dieses Dabeisein bedeutete für mich immer auch, auf jedem Bauernhof, ein Hinaus-Gehen aus einer warmen Wohnung. Ein Draussen-Sein im Leben. Und, in meinem Fall, stets ein Mit-Gehen aufs Feld und ein Dabeisein beim Melken und Misten und Tiere Füttern in den Ställen.

Es war also doch auch ein Gegensatz zum Leben in unserer Stadtwohnung, wo ich mich von Kindsbeinen an doch meistens in einer Vier-Zimmer-Mietwohnung mit Küche und Bad und insbesondere in meinem eigenen Zimmer aufhalten musste. Trotz teuerster Wohnlage und bester Zentralheizung war es für mich – im Unterschied zu den Ferien und Aufenthalten auf dem Land – letztendlich eine mehr oder weniger kalte Umgebung. Ich will nicht sagen, ich sei in meiner Jugendzeit und in unserer Stadt je eingeschlossen gewesen. Doch während der Schulferien auf den verschiedenen Bauernhöfen war ich halt meistens in der freien Natur.

V

Als ich mit meinen Eltern das allererste Mal auf den Hof der Cou-Cousine kam, wars für mich dann schon etwas eigenwillig: Denn eigentlich, so mein spontaner erster Eindruck, war das gar kein richtiger Bauernhof. Es war vielmehr, wenn ich mich jetzt daran erinnere, ein grösseres und ziemlich gewöhnliches Einfamilienhaus. Es stand allerdings neben einer mächtig grossen Riesenhalle, der Scheune und einigen weiteren Gebäuden. Dann habe ich am ersten Abend erst erfahren – was ich nicht gekannt und bisher noch nie gesehen hatte –, dass ihre Milchkühe, die Rinder und alle grösseren und kleineren Tiere mit der Bauernfamilie gar nicht unter dem gleichen Dach wohnen oder untergebracht waren. Natürlich weiss ich heute längstens, dass eine Trennung der Ökonomiegebäude und des Wohnhauses auf vielen Höfen und in allen Landesteilen üblich ist und vielfach schon die Norm darstellt.

Auf ihrem Hof wurde mir in der Folge dann gezeigt, wie ein landwirtschaftlicher Betrieb modern geführt werden kann. Beispielsweise erfuhr ich, aus der Stadt kommend, zum ersten Mal, dass eine Familie neuzeitlich und auch in vielen Betriebszweigen fortschrittlich bauern kann. Alle Ställe etwa, die beiden Hallen für die Aufzucht von Junghennen waren hygienisch und äusserst sauber gehalten. Eine Tierhaltung nach modernem Standard, auf dem neuesten Stand der Erkenntnisse. Bisher wusste ich nicht, dass man die Stallstiefel wäscht, wenn man in den Kuhstall geht oder von dort hinüber in die Wohnung kommt. Und eine so klare Unterscheidung, dass der Mann draussen und die Frau drinnen das Szepter in der Hand hält, habe ich auch nicht gekannt. Auf diesem Hof arbeitete immer auch ein Lehrling mit. Mit diesen Jünglingen, die vielleicht zwei, drei Jahre schon aus der Schule waren, konnte man auch mal über gewisse Themen reden, die man mit den Grosseltern oder den Eltern zu Hause nicht unbedingt besprechen wollte.

VI

Meine Grosseltern gaben ihren Pachthof in Stadtnähe altershalber auf und hielten zuletzt noch eine Vieh- und Fahrhaben-Versteigerung ab. Darauf zügelten sie weg und verbrachten fortan ihre letzten Jahre in einem eigenen kleinen Haus im Emmental. Es gab in der Nachbarschaft, was ihnen sehr gefiel, einen Weiler und einige Bauernhöfe. Nun ging ich schon zur Schule und war in den langen Sommerferien erneut und eigentlich regelmässig bei ihnen. Mit meinem Grossvater, der recht kontaktfreudig war, ging ich ab und zu auf diesen Hof und lernte mehr und mehr auch die Nachbarfamilie kennen. Eigentlich lebten dort zwei Familien unter einem Dach.

Man ging vielleicht mal mit, um frische Eier zu kaufen, und hat auch immer ein paar Worte gewechselt, sich über dies und jenes ausgetauscht. Mein Grossvater, der nun Zeit hatte, gut und geschickt mit Holz werken konnte, hatte den Nachbarn mal ein zerbrochenes Fenster geflickt oder einen Gabelstiel neu eingesetzt, als ihm eine Gabel mit abgebrochenem Stiel gebracht wurde. Alles Dinge, die unter Nachbarn auf dem Land gang und gäbe sind. Oder ich ging mit dem Grossvater hinüber und habe gesehen, wie die Bauern ihm heimlich auch mal ein kleines Gläschen selbstgebrannten Schnaps angeboten haben.

Das war, wie ich mich erinnere, ein uraltes Bauernhaus, mit dem Dach fast bis zum Boden herab. Es war aus Holz, dunkel. Noch kein fliessendes Wasser in der Küche. Baufällig. Die Leute mussten, schien mir, kaum Geld haben. Man hatte ein paar Kühe. Man half bei einem Zimmermann aus, verdiente da ein wenig dazu, machte jenes. Aber man war als zwei Familien immer beieinander und arbeitete zusammen. Es war ein kleines Familienunternehmen. Die beiden Familien lebten auf engem Raum. Man sass am Morgen zusammen am Tisch, und man sass beim Abendessen wieder beieinander in der Küche. Man diskutierte. Man erzählte sich vieles und besprach alles miteinander.

Damals war das Emmental wie eine Fortsetzung meiner bisherigen, frühen Bauernhof-Ferien, allerdings nun nicht mehr mit den Verwandten und meinen Grosseltern. Man musste dort dann für mich klare Regeln für den Tagesablauf einführen: Am Vormittag hast du bei der Grossmutter zu sein. Du hilfst ihr etwa beim Kochen. Im Garten, beim Beerenlesen, beim Giessen der Blumen. Aber dann am Nachmittag, nach dem Mittagessen, darfst du hinübergehen. Zu den Nachbarn, zu Tobias und seiner Familie, auf den Bauernhof.

VII

So ist es gekommen, dass es für mich durch diese Bauernhäuser, diese Ferien und Aufenthalte auf dem Land, bei meinen Grosseltern und meinen Verwandten im Freiburgischen, durch die Tiere und diese Landwirtschaft – stets schon von Kindesbeinen an – noch etwas anderes gegeben hat. Eine Art zweites Leben, das mich all die Jahre angezogen und stets auch fasziniert hat. Dadurch musste in mir eine Art Sehnsucht nach diesem anderen geweckt worden sein. Der Wunsch nach einem freieren Leben und nach Freiheit. Und dieses Verlangen wurde in meinem bisherigen Leben wie ein Kompass, und es ist in mir geblieben. Ein Verlangen, das später noch zunahm und nach der obligatorischen Schulzeit und der Berufslehre wuchs. Meine Sehnsucht nach dem Landleben und der freien Natur, mein Heimweh nach den Bauernhöfen meiner Kindheit, wo ich zum ersten Mal die Nähe zur Natur und ein Leben in der Natur erleben konnte, liessen mich eines Tages innehalten. Da stellte sich mir eines schönen Tages etwas in den Weg, völlig überraschend und unerwartet, das stärker war als jede Logik und jede Vernunft. Es waren wohl wieder die gleichen Stichworte wie damals, die in mir die beiden Worte «Bauernhaus» und «Bauernhof» mitschwingen liessen:

Auf und davon.

Frische Luft.

Weites Land.

Offene Landschaft.

Freisein und Draussensein.

Weite.

Tief ein- und ausatmen.

Die Bauernhöfe in meiner Jugendzeit und das Leben auf dem Land bedeuteten für mich, um es in einem Wort zu sagen, immer eine andere Welt. Und diese war weit weg, ausserhalb des Elternhauses, ausserhalb ihres Berufes, der Geschäfte und unserer Stadt. Dieses Andere stand für mich, damals wie heute, für einen Gegensatz zu meinem dortigen Leben, wo ich mich als Kind oft eingeengt fühlte. Natürlich nicht wie in einem Gefängnis, aber wir haben nur auf Pausenplätzen spielen können und nicht auf dem weitläufigen Hausplatz um einen Bauernhof, bei einem Feuerwehr-Weiher und auf kleineren Überlandstrassen im Emmental, wo höchst selten ein Auto vorbeifuhr und es keinen Pendlerverkehr gab. Man konnte in der Stadt nie mit dem Rad um eine Kreuzung oder um eine Hausecke kurven, mal mit einem Fussball oder Volleyball spielen, sich beim «Schwarzen Mann» belustigen oder im Stroh verstecken. All dies wäre vor dem Haus unserer Mietwohnung in der Stadt lebensgefährlich gewesen mit all den Autos, Zulieferwagen und Lastwagen, dem ständigen Durchgangsverkehr. Und ich hätte in unserem Stadtteil genauso Verbote ausgesprochen, wie es meine Eltern taten. Dort würde ich nie und auf gar keinen Fall je Kinder, meine eigenen und die Ferienkinder, auch nur einen einzigen Moment unbeaufsichtigt spielen lassen.

Weil ich mich der Grossmutter auch später mehr und mehr verbunden fühlte, habe ich nach ihrem Tod von der Familie meines Vaters ihre Berner Tracht erhalten. In der ersten Zeit danach habe ich ziemliche Hemmungen gehabt, das wertvolle Silber und die alten schweren Stoffe in die Hand zu nehmen oder das Kleid meiner Grossmutter und Vorfahren gar anzuziehen. Auch waren Teile ihrer Tracht durch die lange Lagerung in der Truhe und das wenige Tragen etwas lädiert, sodass wir einiges zunächst erneuern wie auch von den Körpermassen und der Grösse her für mich anpassen lassen mussten. Den fein ziselierten Silberschmuck, der zu jeder Berner Sonntagstracht gehört, liessen wir im Safe einer Bank, wo er nach wie vor aufbewahrt ist. Deshalb habe ich an meiner Tracht bloss noch normales Silber, das nicht mehr ganz so kostbar ist.

Meine Grossmutter habe ich nie in ihrer Berner Tracht gesehen. Für mich war dieses Kleid schon als Kind etwas Gewaltiges. Immer. Ich mag mich gut erinnern, dass man auf dem Bauernhof bei ihnen zuhause die Berner Tracht nicht berührt, sondern stets nur angeschaut hat. Die Grossmutter hat uns ihre Tracht nur auf Distanz gezeigt. Ich durfte damals nicht in die Nähe. Sonst habe ich bei den Grosseltern immer alles berühren dürfen, aber die Tracht nicht. Zudem bekam ich lediglich das Alltagssilber zu Gesicht, nicht aber den wirklichen, alten und wertvollen Trachtenschmuck.

Auf der Bäuerinnen-Schule lernte ich selber auch eine einfache Tracht, die sogenannte Gotthelf-Tracht, schneidern. – Nein, dort gings lediglich um Anpassungen und um ein paar Abänderungen an der Sonntagstracht der Grossmutter. Ihre Gotthelf-Tracht erhielt ich zum zwanzigsten Geburtstag von den Eltern geschenkt. Sie ist zum Tragen die angenehmere, da sie nicht so viel Silberschmuck hat. Hin und wieder trage ich auch diese zu bestimmten Anlässen. Etwa, wenn im

Herbst das Vieh von der Sömmerung auf der Alp heimgeholt wird oder beim Alpaufzug im Frühsommer, wenn wir auch die Kühe präsentieren und ihnen das grosse Geläut und den Blumenschmuck geben. Oder ich trage die Gotthelf-Tracht, weil sie zum Tragen weniger aufwändig ist, bei den Konzerten mit dem Frauenchor. Beim Singen treten wir jeweils in derjenigen Tracht auf, die eine jede Landfrau oder Bäuerin zuhause besitzt, teils sind es Gotthelf-Trachten, teils auch Tschööpli-Trachten oder eine Tracht aus dem Alpenraum, dem Wallis oder der Innerschweiz. Ich persönlich finde, die Tschööpli-Tracht sei eine eigentliche Kirchentracht. In dieser traditionellen Tracht heiratet man, tauft man, und in der Tschööpli-Tracht geht man auf dem Land noch an eine Beerdigung. Man zieht sie doch eher selten an – aber das sind individuelle Ansichten, andere haben da eine andere Auffassung –, für einen Liederabend oder einen Auftritt mit unserem Frauenchor.

Die Berner Sonntagstracht meiner Grossmutter dagegen trage ich nur zu einem ganz feierlichen Anlass, etwa bei der Taufe oder einem besonderen Feiertag in die Kirche. Dann darf man einmal sicher auch zeigen, und als Bäuerin etwas mehr darstellen, dass ich neben einer Werktags- oder Gotthelf-Tracht als junge Frau auch ein Erbstück meiner Familie, die Sonntagstracht meiner Grossmutter, jetzt tragen darf. Zudem ist es mir wichtig, dass wir die Berner Tracht als etwas Besonderes, das von meinen Vorfahren und meiner Grossmutter zu mir gekommen ist und das ich aufbewahren und selber tragen darf, meinen Kindern später einmal weitergeben kann. Natürlich ist es etwas Gewaltiges, dieses Kleidungsstück selber zu besitzen, das ich weder an einem gewöhnlichen Sonntag noch im Alltag bloss aus Spass oder einer gelegentlichen Laune heraus anziehen werde.

Eine Bauerntracht ist etwas, das auch verschiedene Generationen in einer Familie verbinden kann. Unlängst haben mein Mann und ich unserer Nichte zu ihrem zwanzigsten Geburtstag eine Berner Tracht geschenkt. Das war, zugegeben, speziell, denn die Nichte hat sich von uns gar kein Trachtenkleid gewünscht. Sie lebt weit ab von jedem Bauernhof, und hätte als junge Frau in der Stadt so ein Geschenk bestimmt nicht erwartet. Aber ich habe gewusst, dass die beiden Nichten während der Schulferien bei uns auf dem Hof ab und zu hinter meinem Rücken, wenn ich grad auf dem Feld oder im Stall war, meine Trachten und Trachtenschuhe heimlich angezogen haben. Ein jedes Mal fand ich danach Zeitungen in meinen Schuhen, weil ihnen diese halt noch zu gross waren, oder Wäscheklammern, mit denen die beiden Schulmädchen meine Bundweite verkleinert haben.

IX

Ich ehre meine Grosseltern und bedauere es, sie gar nie richtig gekannt zu haben. Es war damals, als ich bei meinen Grosseltern auf ihrem Pachthof am Stadtrand von Bern die Ferien verbringen konnte, ja noch vor meiner Schulzeit. Und dennoch sind meine Grossmutter und mein Grossvater mir zu Vorbildern geworden. Jeden Tag, mit all ihrem Können und Wissen, das sie einmal gehabt haben. Aber auch mit dem Wissen, dass sie oft am Morgen sehr, sehr früh aufgestanden sind und am Abend erst spät zu Bett gehen konnten. All das, muss ich mir heute eingestehen, war als Kind für mich eine schöne Welt. Ohne zu wissen und, vielleicht, ohne von ihren finanziellen Nöten und Problemen, die sie sicher – wie wir heute auch – hatten und die es damals in einem Bauernhaus ganz bestimmt auch schon gab, Kenntnis zu haben. Ich wusste nicht einmal von ihren körperlichen Leiden und Bresten des Alters, von denen sie durch ihre harte Arbeit nach und nach gezeichnet wurden.

Es sagen uns, meinem Mann und mir, heute noch Leute, die meine Grosseltern in guter Erinnerung behalten haben, was sie in all jenen Jahren tagtäglich geschaffen und sich erarbeitet haben, das vermöge heute niemand mehr zu leisten. So wie sie zu arbeiten, so, auf ihre Art und Weise einen ganzen Bauernhof zu führen, behaupten doch hie und da einige unserer Besucher. Und sie glauben dann uns auch sagen zu müssen, dies sei heute gar nicht mehr möglich und sei schon damals, vor bald dreissig und fünfzig Jahren, beinahe unmenschlich gewesen.

Schon gut, denke ich dann, wenn man mir das berichtet, und überlege mir dabei, dass ich selber auch nicht weiss oder wissen kann, ob wir beide all das je schaffen werden, ich meine, ein ganzes Leben lang, was wir hier mit unserem Bauernhof noch planen und vorhaben. Bis wir dann selber auch einmal alt werden und wie meine Grosseltern betagt sind. Doch, so wie sie, so viel, das möchte ich einmal auch erreicht haben. All das sehe ich jetzt erst. Aus diesem Grund fühle mich ihnen so sehr verbunden. Oft und manchmal sogar mehr verbunden als mir selber lieb ist.

Dabei wollten meine Grosseltern, was noch viel erstaunlicher ist, in jungen Jahren gar nie Bauer und Bäuerin sein und gar nie einen eigenen Hof bewirtschaften. Meine Grossmutter wäre viel lieber Lehrerin geworden, mein Grossvater Missionar oder Theologe in der Dritten Welt. Oder, um es in einem Wort zu sagen: Sie wollten beide doch die Welt, eine *andere* Welt, erleben. Und ihre Welt verändern. Das muss es doch gewesen sein.

X

Ich war, als meine Grosseltern noch gelebt haben, definitiv zu jung, um ihre Erfahrungen auf dem Bauernhof noch zu kennen. Heute möchte ich ihnen andere Fragen stellen als damals, als ich sechs Jahre oder vierzehn Jahre alt war. Und so kommen einem jetzt natürlich beim Einatmen und Ausatmen vor dem Haus auch etwa Gedanken und Fragen: Ah! Dies haben die Grosseltern und Vorfahren nicht so gemacht, weil sie damals in ganz anderen Zeiten noch gelebt haben. Oder, man überlegt: So war es noch bei ihnen vor zwanzig und fünfundzwanzig Jahren, und so stellt sich das gleiche Problem heute. Gerade als Mutter wird einem immer bewusster, und es kommt in der letzten Zeit mehr und mehr vor, wenn Verwandte, Bekannte meiner Familie uns besuchen kommen, dass sie dann plötzlich zu mir sagen, ich sei jetzt, im Alter von kaum dreissig Jahren, meiner Grossmutter schon sehr ähnlich geworden.

Nein, nein! Das doch bitte nicht. Ich soll selber, stelle ich mir vor, einmal auch so werden – ausgerechnet mir müsste das passieren! – wie meine strenge, liebe Grossmutter. Als Kind habe ich die alte Frau oft gefürchtet, ja, gar nie eigentlich gern gehabt. Sie, die Bäuerin, kam mir damals barsch und oft etwas ruppig vor. Sie schien mir beinahe lieblos zu sein. Und sie war es doch, die mich als fünf- oder sechsjähriges Ferienkind nach jedem Mittagessen am Nachmittag noch ins Bett geschickt hat. – Und ich, was mache ich heute? Nach einem Mittagessen? Was mache ich denn mit meinen Kindern anderes: Beordere sie für zwei, drei Stunden am Nachmittag ins Bett. Vieles mache ich mit meinen eigenen Kindern wieder wie meine Grossmutter.

Mit Kindern muss ich, weil wir einen Hof und viele Tiere haben, auf so manches verzichten. Aber das ist kein Grund zu klagen, weil ich eine Bäuerin geworden bin und mein Mann ein Bauer. Denn andererseits können wir unseren Kindern mit Tieren, den Arbeiten und dem Leben in der Natur etwas bieten, das Hunderttausende Kinder nie erleben können.

Auch meine Grosseltern haben ihren Kindern, meinem Vater etwa, davon viel mitgegeben: Dass man in den Zeiten der Ernte einerseits nicht ins Schwimmbad gehen kann oder, weil man morgens und abends Tiere zu versorgen hat, nicht eine Woche in die Skiferien fahren kann. Andererseits hat man auf einem Bauernhof viel mehr Platz. Wenn man Freunde und Freundinnen einlädt, ist es oft nicht nur die beste Schulfreundin, nein, dann darf gleich die ganze Schulklasse zu dir nach Hause kommen. Das heisst, nicht ein Kind kommt zu mir in die Ferien, es kommen immer eine ganze Familie oder vier, fünf Kinder.

Ich weiss zwar nicht, ob es vor fünfundzwanzig oder fünfzig Jahren bei meinen Grosseltern am Stadtrand von Bern wirklich so gewesen war. Aber ich kann mir gut vorstellen, dass es doch immer noch viele Parallelen gibt.

All diesen Erfahrungen, erst als Schülerin, dann später als angehende Bäuerin, stehen heute unsere Versuche und unser Arbeitsalltag auf einem eigenen Hof, einem typischen Familienbetrieb, gegenüber. Ständig und tagtäglich, in ihrer wechselseitigen Beziehung.

XI

Mein Traum als Bäuerin wäre, vor das Haus zu treten, das Ein- und Ausatmen still zu geniessen und zu mir dann zu sagen: Unser Hof, wo ich mit meinem Mann eine Existenz gefunden habe, ist Heimat. Doch gleichzeitig ist sie, im Gedenken an meine Grosseltern, ein anderes Wort für Freiheit.

Für ein Leben mit einer eigenen Familie in grösstmöglicher Nähe zur Natur, wo ich hin und wieder tief Atem holen und an der frischen Luft auch einmal durchatmen kann. Ein anderes Wort auch für ein weites und offenes Land. Da ist um mich herum noch Landschaft genug, um in jedem Augenblick die Weite und den Himmel selbst dann zu spüren, wenn meine Augen nichts Fernes erfassen, bloss erahnen können.

Die Sprache der Kühe

I

Alle Sprachen, eingeschlossen meine Muttersprache, sind mir seit Kindsbeinen an fremd geblieben. Es bestand auf dem Bauernhof meiner Eltern keine Notwendigkeit, Fremdsprachen zu erlernen und unser Schulenglisch zu sprechen. Ich war keine faule Schülerin, die sich im Unterricht gelangweilt hätte und nichts lernen wollte, doch zehn Mal lieber wollte ich früher in Mutters Haushalt das Geschirr abwaschen und abtrocknen als bloss ein paar Minuten französische Wörtchen für die Schule auswendig lernen. So hatte ich mir in der Jugendzeit nie wirklich eine Beziehung zu Sprachen oder gar zum Schreiben erarbeitet und aufgebaut.

In den Sommerferien schlenderte ich mit dem Zvierikorb einmal vom Feld zurück und traf den Nachbarssohn, der nach dem Heuwenden nach Hause zu den Stallarbeiten unterwegs war. Wir freuten uns, ein paar Wochen Pause vom Schulunterricht zu haben, und tauschten beide, zu seiner wie zu meiner Verwunderung, Erfahrungen mit den Fremdsprachen Französisch und Englisch aus. Sie waren nicht sonderlich erfreulich. Da blieb der Bursche auf einmal mitten auf dem Nachhauseweg stehen und sagte nach einer kleinen Pause eher zu sich: Die Kühe in unseren Ställen reden nicht englisch und nicht französisch.

Wir verabschiedeten uns und ein jeder ging weiter seines Weges. Doch zum ersten Mal in meinem Leben bin ich an jenem Nachmittag einem Menschen begegnet, der auch mit dem Fremdsprachenlernen und mit den verhassten Schulaufsätzen seine liebe Mühe hatte. Sein Satz fiel übrigens auf so fruchtbaren Boden, dass ich mich – weil mir handwerkliches Geschick nicht ganz abzusprechen war – später für das Weiterführen des Bauernhofes meiner Eltern und Vorfahren entschied.

II

Schreiben und fremde Sprachen waren also schon während der Ausbildung für mich unerreichbar, und sie sind mir heute dergestalt in die Ferne gerückt – man könnte ebenso vom Jenseits oder einem alten, fernen Totenreich sprechen –, dass beides, selbst in vagen Umrissen, nicht mehr zu erkennen sind. Nach meinem Empfinden kann alles Schriftliche eigentlich nur die andere Seite der Welt sein. Nun ist aber das pure Gegenteil von all dem eingetroffen, was wir uns einmal bei unserer Berufswahl und dem Entscheid, einen landwirtschaftlichen Betrieb zu führen, erwünscht und erhofft haben. Mein Mann und ich stellten uns bei der Hofübernahme nämlich vor, eine junge Bauernfamilie könne ohne Anträge, schriftliche Ansuchen und Eingaben, bloss mit guter Hände Arbeit, durchs Jahr kommen. Bin ich denn einst Bäuerin geworden, um am Computer ständig Formulare auszufüllen oder mir Berichte aus den Fingern zu saugen? Um die Gesuche für Direktzahlungen und die Beiträge für die Kuhhaltung, jahrein, jahraus und jeden Tag schriftlich auszufüllen? Um all die Eingaben bei den landwirtschaftlichen Ämtern zu verfassen und die Aufsichtsbehörden bei ihren Erhebungen von Betriebszahlen zu unterstützen?

Das Schriftliche ist eine Realität. Es ist in meinen Augen nichts als ein notwendiges Übel, auf das wir gut und gern verzichten könnten. Allerdings kann man dem Schriftlichen weder ausweichen, noch kann man es ignorieren oder umgehen, möchte man mit einem landwirtschaftlichen Betrieb zu seinem Recht kommen. Kein Bauernhof kann heute noch – die Versicherungen, Steuererklärungen und Anträge für Kinderzulagen lassen wir mal weg – ohne das Ausfüllen von Formularen, ohne ständige Umfragen, Kontrollen oder schriftliche Berichte geführt werden. Sämtliche Tiere haben heute schon ihren zwölfstelligen Zahlencode in einer Ohrmarke und sind in der Verkehrsdatenbank registriert. Jedes Jungtier und jedes Schlachtvieh muss einzeln angemeldet und abgemeldet werden. Wenn ein Landwirt mit seinen Rindern und Kühen eine Bewegung vornimmt – die Fahrt zum Stier oder zur Sömmerung auf eine Alp –, dann hat er sie innert drei Tagen der Datenbank für das Vieh schriftlich zu melden. Gleiches gilt auch für die Schafe und Ziegen. Wenn ich bloss noch fünf Nummern habe und ich weiss, in den nächsten vierzehn Tagen kommen zwanzig junge Ziegen zur Welt, werde ich vor ihrer Geburt schon beim Zuchtbuchführer neue Ohrmarken anfordern. Es wird wohl eine Frage der Zeit sein, bis auch die Hühner und die Kaninchen Nummern und Fuss- oder Ohrmarken zur behördlichen Registrierung erhalten.

Jedes Tier hat eine Meldepflicht: Wann hat ein Tier geworfen? Wie viele Junge hat es gehabt und waren diese gesund? Wann wurde eine Kuh gedeckt; eine künstliche Besamung oder vom Stier? Der Abstammungsausweis muss beantragt – vielleicht nachgetragen – werden.

Und weiter geht es: Wir stellen Anträge für jede Art zusätzlicher Produktion wie auch für jede neue Form landwirtschaftlicher Vermarktung. Dafür, dass wir in bescheidenem Masse Fleisch direkt ab Hof verkaufen, hat man erneut Formulare ausfüllen, und es sind wieder Anträge zu stellen. Das geschieht noch lange vor dem Verkauf. Später, um eine kleine Unterstützung zu erhalten, muss ich beim Metzger rechtzeitig die Rechnung anfordern, diese dann mit allen Tierhalter-Angaben, Nummern und Auszeichnungen des Tieres, das wir haben schlachten lassen, und den ausgefüllten Formularen einschicken. Damit ich dies ordnungsgemäss erledigen kann, sind sämtliche Eintragungen aus der Tierverkehrsdatenbank notwendig, wann das Tier geboren wurde, wie lange es auf unserem Hof war und wann es zum Schlachter kam; dazu die genaue Deklaration, wie viel Kilogramm Fleisch wir zum freien Verkauf zurückerhalten haben. Das Schriftliche ist definitiv nicht mein Ding. Und doch sitze jeden Tag mehrere Stunden am Küchentisch vor dem Computer und bin als Bäuerin eigentlich zu einem Bewegungsmelder von Tieren geworden.

Kommen und Gehen

I

Meine jüngere Schwester und ich halfen oft, die Kühe durchs Dorf auf die Weide zu treiben. Die eine von uns marschierte stets der Herde voraus, während die andere hinter der letzten Kuh folgte oder ein störrisches Rind mit einem Haselstock zu den anderen Tieren trieb. Meistens ging Verena vorne und ich machte den Abschluss. Wenn unser Vieh nun aber draussen war und auf der Weide zu fressen begann, hatten wir jeweils vom Vater noch den Auftrag erhalten, den elektrischen Hüter, ein kleines Gerät, welches leichten Strom auf die Einzäunung und den Draht gegeben hat, zu überprüfen. Wir hatten da kurz den Draht mit der Hand zu berühren, um zu Hause dann bestätigen zu können, dass der Stromstoss noch im elektrischen Zaun tatsächlich funktionierte.

Ich habe diesen Draht nie berührt, nicht ein einziges Mal. Ich liess meine jüngere Schwester – vielleicht entsprachs der Hierarchie unter Kindern – die Kontrolle ausführen. Aber zu Hause haben wir, Verena und ich, diesen Stromstoss immer bestätigt und dem Vater auf sein Nachfragen kurz ja, ja gesagt. Wir beide fürchteten uns so sehr vor diesem elektrischen Draht, dass auch meine Schwester wohl dieses Berühren bloss simulierte oder im besten Fall einen Grashalm abriss und in die Nähe des Stromstosses hielt. Sobald wir aber von der Herde zurück ins Dorf kamen, hielten Verena und ich zusammen. Schön und brav haben wir unseren Vater, ohne rot im Gesicht zu werden, angelogen, weil beide den elektrischen Strom und diesen Weidedraht draussen wie die Pest gefürchtet und gehasst haben.

II

Wenn ich über meine Beziehung zu Tieren und über ihre Bedeutung für mich nachdenke, so sind es zunächst meist hilflose Geschöpfe. Nach der Geburt auf unserem Hof oft total von uns abhängig, von uns Menschen. Das war auf einem Bauernhof schon immer der Fall, und das ist geblieben und ist natürlich noch immer so.

Bei mir hat aber jedes Tier einen Namen. Ausnahmslos. Jedes Tier hat bei uns auf dem Hof seine eigene Geschichte, inklusive einer Abstammung. Andererseits ist auch bei uns jedes Tier in gewisser Weise ersetzbar.

Manchmal muss man eine Entscheidung fällen und sagen: Das ist jetzt ein Tier. Punkt. Es muss sterben und geht jetzt zum Metzger. Früher habe ich nämlich die Meinung vertreten und oft das Gefühl gehabt – ich bin in der Stadt aufgewachsen, und wir hatten lediglich zwei Katzen –, was für einen kranken Menschen an Hilfe möglich ist, das sollten wir für ein krankes Tier auch tun können. Es gibt auf jedem Hof Momente, wenn eines der Tiere so sehr leidet, dass wir uns entscheiden und sagen müssen: Jetzt tust du dem leidenden Wesen keinen Gefallen mehr, wenn du ihm durch deine Hilfe nur noch sein Leiden verlängerst. Es ist eine Tatsache, wenn ein Kälbchen oder ein Geisschen mit einen Geburtsfehler oder krank auf die Welt gekommen ist, dass wir es uns als Bauernfamilie nicht leisten können, dieses Neugeborene ohne Grenzen zu hegen und zu pflegen. Man muss erst erlebt haben, wie ein krankes oder hilfebedürftiges Tier plötzlich in der Rangordnung ganz unten ist und von der Herde ausgestossen wird.

All das musste ich schweren Herzens einsehen, als unsere Ziegen vor ein paar Jahren eine Seuche hatten. Damals habe ich mir schon gedacht, wenn ich die eine oder andere Geiss behandle, sie sogar mit ins Haus nehme, um sie noch besser pflegen zu können, dann sollte sie möglicherweise überleben. Doch in der Küche wie auch im Ziegenstall sind mir die kranken Tiere eingegangen, und ich musste hilflos zuschauen, wie eines um das andere weggestorben ist. Da habe ich zu mir sagen müssen: Das Sterben und Verenden der Geissen mit ansehen müssen und ihnen nicht helfen können, das geht so auch nicht. Als sich diese Einsicht schliesslich durchzusetzten vermochte, dass beim besten Willen auch ich für das Tier nichts mehr machen kann, galt nur noch: Der Metzger kommt. Jetzt werden meine Tiere alle erschossen.

III

Warum all diese Tiere! Warum noch Tiere! Vor allem, wenn einem die Tierhaltung immer wieder Probleme macht. Wie aus heiterem Himmel wird ein Tier krank oder verletzt sich auf der Weide, und ich muss notfallmässig den Doktor rufen. Man ist mit dem Vieh und den weiteren Tieren stets auf dem Quivive. Man ist vierundzwanzig Stunden angebunden und muss ständig beobachten. Jederzeit kann mit Tieren Aussergewöhnliches geschehen. Alles das gehört zu unserem Alltag. Kaum hast du den Tierarzt verabschiedet oder dich von einer Mutterkuh getrennt, die du vielleicht zwölf Jahre lang zweimal jeden Tag gefüttert und gemolken hast, kommt ein paar Stunden später im Stallgang gegenüber ein neues Wesen auf die Welt. Es ist hilflos. Und man hat so viel Freude erneut, allein schon deshalb, weil die Geburt ohne Komplikationen verlaufen ist. Dass plötzlich ein Tierchen da ist, das nach wenigen Minuten von uns bereits wieder einen eigenen Namen bekommen wird. Alles, alles kann damit wieder neu beginnen, das Leben.

Tiere bedeuten zwar «Leben», doch unsere – allen voran die Milchkühe – sind schlicht und ergreifend als «Einkommen» zu bezeichnen. Das zeigt sich allein schon in dem Augenblick, wenn eine Kuh trächtig ist und kalbt. Da wird auch bei uns über das neu geborene Kälbchen ganz rasch entschieden, je nach Geschlecht. Ist es ein munteres und gesundes Kuhkälbchen, werden wir es aufziehen. Und übers Jahr wird es ein Guschti sein, bald schon ein Rind, das zur Sömmerung auf den Berg mitgehen darf. Je nach den Möglichkeiten, behalten wir dann so ein Jungtier für die eigene Aufzucht, oder es kommt als trächtiges Rind, vielleicht erst später als junge Kuh, zum Verkauf. Anders lautet aber die Entscheidung, wenn es bloss ein Stierkalb ist. Dann überlegen wir noch schneller und denken in dem Moment etwa: Fleisch. Fleischproduktion. Dann wird nach ein paar Sekunden über das nasse und neugeborene Tier, und oft schon bevor es auf der Welt ist, entschieden. Vor allem dann, wenn seine Mutter, sagen wir, eine eher durchschnittliche Milchkuh ist. Dieses Jungtier geht unweigerlich in die «Fleischproduktion». Es bekommt zwar von uns noch einen Namen, aber in meinem Kopf ist das arme Ding bloss ein Wesen. Dabei möchte ich nicht sagen, wir betrachteten es bei seiner Geburt nur mehr als «Fleisch». Doch es ist, wie es ist: Dieses Tierchen wird nicht alt werden und auch kein langes Leben haben. Diesem Stierkälbchen werde ich, eben doch anders als bei einem Kuhkälblein, wohl nur ein Minimum flattieren. Eben gerade so viel, wie es braucht, um gut gemästet zu werden. Man hält es seit seiner Geburt in einem anderen Ställchen, besucht es in diesem engen Zwinger ziemlich selten. Man tränkt die Tiere und mästet sie. Man streut ihnen zwar Stroh auf den Boden, aber besonders gestreichelt werden die von mir nie. Es ist ganz anders eben als bei den weiblichen Kälbchen, die wir zur Aufzucht behalten möchten. Da kommen bei diesen bald schon die Nachbarskinder oder unsere Besucher in den Stall zu ihnen und streicheln sie, sprechen und spielen mit ihnen. Und alle wissen, diese jungen Tiere, die Kuhkälbchen, werden bei uns auf der «Wardt» bleiben dürfen, bis sie nach drei Jahren gross und ausgewachsen sind und unsere Kühe werden.

Die gemästeten Schafböcke gehen ebenso wie die meisten männlichen Ziegen, sobald sie zwischen zwölf und fünfzehn Kilogramm wiegen, zum Metzger. Da wir in den Ställen oder auf den höher gelegenen Alpwiesen eine Schafherde von oft über dreissig Tieren und an die fünfzig Geissen oder Ziegen haben, ist es unmöglich, das Fleisch von so vielen Jungtieren – dazu noch der Stierkälbchen –, selber vermarkten zu können. Die Fleischproduktion muss gesteuert werden, und wir haben mit den Metzgereien unserer Talschaft, des Prätigaus, eine geregelte Abnahme. Die Arbeiten auf dem Hof unten und am Berg, in den Maiensässen und auf der Alp, wie auch unsere knappe Freizeit würden es nicht erlauben, mehr Frischfleisch, Trockenfleisch und Wurstwaren von unserem Vieh, den Schafen und Ziegen direkt zu vermarkten.

Unser Ziel wäre es, vom Milchgeld und dem Erlös beim Fleischverkauf schwarze Zahlen zu schreiben. Unter dem Strich sollte durch die Tierhaltung letztendlich immer eine Art «Lohn» oder Belohnung erreicht werden, von der wir auch leben können. Es kann in besonderen Fällen immer vorkommen, dass wir mit einem Tier keinen Profit machen. Dann bleibt der einzige Erlös eben die Freude, die mein Partner und ich an unseren Tieren haben. Oder, anders gesagt, kann ich nicht allzu oft in den Stall hinaus gehen, mit unseren Tieren reden und ihnen klar machen: Hört mir mal alle zu! Ich stelle euch jetzt in Rechnung, liebe Ziegen und geschätzte Kühe, dass wir euch schon wieder jeden Tag gefüttert haben. Das macht abends und morgens in der Früh, also pro Tag, sieben Stunden. Abgerundet, ohne die Minuten zu zählen. Bitte, sehr geehrte Tiere, ihr bezahlt mir jetzt die sieben Stunden bar aus, wo ich mich wiederum ganz euch gewidmet habe. Euch Kühe und Ziegen gemolken, euch gefüttert und getränkt habe. Dann wieder den Mist weggeführt und für euch die Streu hergerichtet habe.

Nein, so wäre mit meinen Tieren überhaupt nicht zu verhandeln. Eine Rechnung zwischen Aufwand und Ertrag auf dem Hof lautet halt ziemlich anders. Man geht als Bäuerin oder Landwirt der Tiere wegen schon mal ins Rheintal, nach Landquart oder hinauf in Richtung Davos. Man bleibt meist innerhalb Graubündens. Doch man lernt, in so einem vielfältigen Bergkanton, vom Vorderrheintal bis ins südliche Misox, unweit von Bellinzona und der Grenze zum Tessin, andere Bauernhöfe, Talschaften, Alpgebiete und Gegenden kennen, die man in einem anderen Beruf, als Handwerker oder Büroangestellte, normalerweise nicht unbedingt sehen könnte. Oder, haben wir ein Rind, ein paar Ziegen, eine Evolène-Kuh gar in die Westschweiz verkaufen können, ist man mit dem Tiertransporter tatsächlich beinahe den ganzen Tag unterwegs, kann hie und da auf seiner Reisen sein Französisch oder im Kanton Tessin sein Italienisch wieder auffrischen oder sich in einer anderen Sprache über Gott und die Welt austauschen und mit Bauernfamilien und Kollegen über die Tierzucht und die Landwirtschaft fachsimpeln.

Oder, wenn ich wirklich gezwungen wäre, den Tieren meine Rechnung zu präsentieren, dann sagte ich ohne Umschweife zu ihnen: Ihr seid die Tiere und gebt uns Milch und Fleisch.

Meine Lieben, ihr seid bei uns, wie auf jedem Bauernhof heute, auch ein sogenanntes Produktionsmittel. Wenn es euch Tieren gut ergeht, wir euch recht betreuen und ordentlich pflegen, dann haben wir als Landwirte von euch eine höhere «Produktion» und in der Folge auch einen besseres «Erlös» der Produkte Milch und Fleisch und somit unter dem Strich wieder mehr Geld für den Betrieb zur Verfügung. Alle Tiere sind zudem eine Form von Lebensversicherung.

Der Platz auf dem Hof, den wir für Ziegen haben, ist auf fünfzig Tiere beschränkt. Gut ist es, wenn es irgendwie möglich ist, dass die jungen Lämmer jedes Jahr in drei verschiedenen Serien zur Welt kommen. Dann hat man im Stall für jede neue Folge der Jungtiere genügend Raum, aber mit dieser zeitlichen Staffelung ist es mit dem Melken und der Milchverwertung für mich ideal. Denn bei den drei Intervallen von Trächtigkeit, Werfen und Milch müssen wir das ganze Jahr dann auch nie mit der Geissenmilch in die Käserei fahren. Wie viele der Jungtiere ich behalten kann, ist eigentlich variabel. In der Regel sind es zwischen zwei und zehn Stück. So kommen auch die meisten der neugeborenen Böcke später zum Metzger. Der Preis wird vom Händler oder vom Metzger bestimmt und ist jeweils von der Qualität des Fleisches abhängig. Wir müssen die überzähligen Tiere zum Schlachten bringen, allein schon um in den Ställen wieder Platz für weitere Jungtiere und Nachkommen zu haben.

IV

Jedes Tier hat, neben seiner eigenen Geschichte, auch einen Charakter. Eins hat blaue Augen, eins hat grüne Augen und so weiter. Auch das Fell und seine Zeichnung sind so verschieden. Oder, es verbindet einen mit diesem oder jenem Tier eine ganz spezielle Geschichte. Nach der Geburt einer jungen Geiss zum Beispiel sind mein Mann und ich über eine Stunde am Boden gekniet und haben das Neugeborene beatmet. Es hat überlebt. Je älter ein Tier auf unserem Hof werden kann, umso mehr hängt man mit seinen Emotionen an ihm. Jedes Tier hat eine Bezeichnung und bekommt von uns einen Namen. Man weiss dann, von welchem Tier man überhaupt spricht. Oder, anders herum gesagt: Die Tiere kennen mich ja auch.

Wenn ich von unserem Hof und meinen Tieren berichte, möchten wir beide, mein Partner und ich, auf gar keinen Fall anderswo eine Heimat haben und bauern. Vor allem nicht einen Landwirtschaftsbetrieb führen ohne Tiere. Da möchte ich – und ich kann als Bäuerin jetzt nur für mich reden – lieber gleich in einer anonymen Wohnsilo leben, in der Agglomeration von Zürich oder einem anderen Zentrum, wo ich mit Mann und Familie bloss noch ein Meerschweinchen halten könnte. Das sage ich jetzt, obschon ich mir auch gut ein normales Leben vorstellen könnte, in einer Vier-Zimmer-Stadtwohnung und dies dann nicht einmal mehr mit einem Goldfisch im Aquarium oder mit einer Hauskatze.

Wir treffen immer wieder Menschen, Besucher auf unserem Hof, die sich mein Leben und unseren Alltag nicht vorstellen können – für sich selber sowieso nicht. Aber sie können es oft auch nicht nachvollziehen. Dass man eine absolut enge Beziehung zu Tieren haben kann, und dies sogar, ohne die Tiere gleich zu vermenschlichen.

Tiere – das bedeutet immer auch Verlust. Und bedeutet – dies ist gestern grad wieder geschehen, als der Metzger gekommen ist –, ein Platz wird frei im Stall. Und auch, der Platz wird bald wieder besetzt sein. Denn für die geschlachteten

Tiere, für die Toten, nehmen andere jetzt ihren Platz ein. Wir können Jungtiere nachziehen, und zu diesen Frischen wieder eine Art neue Beziehung aufbauen.

Doch, die geschlachteten Tiere sind lange auf unserem Hof präsent. Etwa sehe ich dies an ihren Papieren, die ich im Ordner schon seit zwanzig Jahren immer noch aufbewahre. Wir versuchen übrigens nie, einem neugeborenen Kuhkälbchen den gleichen Namen zu geben, die eine Kuh schon einmal bei uns hatte. Bei den männlichen Kälbern, die bloss ein paar Monate gemästet werden, geht das weniger. Da haben wir doch bereits den zwölften Fritz, den fünfzehnten Sepp und den dritten Max gehabt. Aber bei unseren Kühen, ganz speziell, würden wir nie einem zweiten Tier den gleichen Namen geben.

Ich glaube, Tiere haben bis zum heutigen Tag unser ganzes Leben mitgeprägt, aber sie bestimmen dir auch den ganzen Tagesablauf. Die Tiere auf unserem Hof sind auch ein Teil von mir selber. Sie sind etwas, das man lebt. Tiere haben bedeutet Leben und bedeutet Sterben. Tiere halten heisst für mich, es geht weiter, die Zeit. Das Leben, die Jahreszeiten, die Natur, alles Entscheidende auf dem Planeten Erde. Tiere – das ist für uns ein Kommen und ein Gehen.

Keine Sehnsucht nach einem andern Himmel

Seit meiner Hochzeit vor über dreissig Jahren und seitdem ich mit der Familie in der Gemeinde hier lebe, hat sich das Dorf äusserlich kaum gewandelt. Es sei, sagt man, noch immer un village calme. Ein stilles Waadtländer Bauerndorf mit neunzig Haushaltungen. Etwas abseits, aber doch in der Nähe der grossen Bahnlinie und der Autobahn Genève – Lausanne – Neuchâtel – Zürich gelegen. Doch in den letzten Jahren hat es auch bei uns ein paar Neuzuzüger gegeben. Eine der Bauernfamilien konnte zwei Jucharten Bauland verkaufen, und so hat man ein wenig ausserhalb des geschlossenen Dorfkerns fünf neue Villen hingestellt. Zumindest bis heute ist unser Dorf also durch diese herrschaftlichen Landhäuser und Neubauten noch unverändert geblieben.

Das landwirtschaftlich genutzte Land ist praktisch vollständig erhalten und wird alles noch genutzt. Vierhundertvierzig Hektaren Kulturland und über hundert Hektaren Wald. Es wurde zudem auf unserem Gemeindegebiet in den vergangenen zwanzig Jahren einiges Land umverteilt oder, besser gesagt, vielfach neu gruppiert und zusammengelegt. Denn wer bei uns hier Bauer geblieben ist, hat seinen Betrieb Schritt um Schritt aufstocken wollen. Bis zum Ende des Zweiten Weltkrieges wohnten auf dem Gemeindegebiet immerhin vierzig Bauernfamilien und hatten ein gutes Einkommen. Zurzeit hat der Ort noch achtzehn Milchlieferanten mit zweihundertsiebzig Kühen. Hinzu kämen dann drei weitere Betriebe, die aber ihr Vieh nur noch mästen. All die anderen Familien gaben in den vergangenen Jahren ihre Höfe und die Landwirtschaft auf.

Vor ungefähr zwei Dutzend Jahren, als wir von Pierre-Alains Eltern den Hof übernehmen konnten, rechnete man uns hier in der Gegend noch zu den grösseren Bauern. Zur Zeit der Schwiegereltern hatte man die Milch noch mit einer Bränte am Rücken in die Dorfkäserei getragen. Wir sagen hier zwar immer noch «Käserei», doch eigentlich ist es seit vielen Jahren eine Milchsammelstelle. Denn die Milch aus unserem Dorf geht alle nach Orbe. Eine Million hunderttausend Kilo jährlich, die dort von der Firma Nestlé industriell verarbeitet wird, zu Lait condensé. Mein Mann kaufte dann einen ersten Milchkessel dazu. Einen Vierzigerkessel anstelle der Bränte für dreissig Liter. Und heute, wenn unser Sohn Philippe oder Pierre-Alain zwei grosse Milchkannen zur Sammelstelle hinunterfahren, zählen wir nur mehr zu den kleineren Betrieben.

Unser Betrieb lag nicht im Trend und hatte lange Zeit bloss eine Fläche von zehn Hektaren gehabt. Wir wollten unsere sechsundzwanzig oder achtundzwanzig Jucharten bis vor Kurzem gar nicht unbedingt erweitern. Es sollte hier bleiben, wie es bisher war mit einer traditionellen Landwirtschaft, Zuckerrüben, Runkelrüben, einigen Getreidefeldern, aber hauptsächlich Viehzucht. Für den Gemüseanbau etwa wäre unser Boden kaum geeignet. Bohnen, Kohl, Karotten oder Erdbeeren, auch all die Sorten der Salate wachsen bei uns nicht wie in den Moorböden, etwa in der schwarzen Erde des Seelandes. So macht man dann natürlich besser Gras, Heu und Emd oder lässt die Tiere auf den Feldern weiden.

Die für uns entscheidende Frage, ob Philippe auch wirklich Lust hätte, Landwirt zu werden und in die Fussstapfen seines Vaters und der Vorfahren hier auf unserem Hof zu treten, waren bis vor einem halben Jahr noch gänzlich offen. Neben dem Bauernhaus mit seinem beschränkten Platz in Bühne,

Tenne und Stall beschäftigte uns, Pierre-Alain und mich, dies viel länger immer wieder und viel öfter, als uns lieb war, ob es in ein paar Jahren noch zu einer Übergabe unseres Hofes an die nächste Generation kommen werde.

Nun war Philippe aber während seiner Schulferien im vergangenen Sommer bei einer Bergbauernfamilie im Pays d'Enhaut, in der Nähe von Château-d'Oex und Gstaad, wo es ihm – zu unserer Freude und zum grossen Glück – ausgezeichnet gefallen hatte. Philippe kam nach den fünf Wochen beinahe wie ausgewechselt, jedenfalls viel entschlossener, zurück und teilte uns mit, er möchte hier im Dorf bleiben und wie sein Vater und sein Grossvater Bauer werden und würde gern dann einmal unseren Hof weiterführen. Denn er habe auch in den Bergen und auf der Alp erneut jeden Tag erfahren, wie sehr ihm doch die Landwirtschaft, vor allem die Abwechslung und das Vielseitige unseres Berufes, zusagen werde. Er möchte im Winter zudem sehr gern, was den Eltern ja sicher nicht entgangen sei, zum Holzschlagen und Bäume fällen in den eigenen Wald gehen.

Philippes Entscheid war zwar auch für mich eine Riesenfreude, doch mehr wohl noch für seinen Vater. Nach dieser Mitteilung hatte sich auf unserem Hof und um Pierre-Alain die Stimmung gänzlich verändert. Sie war für ihn eine moralische Aufmunterung, in vielem auch ein unerwarteter Ansporn. Zumal mein Mann in den vergangenen Jahren hie und da keine Perspektiven mehr gesehen hatte. Er war durch den ewiggleichen Trott nicht mehr motiviert, verlor jede Freude und Lust an den Arbeiten auf unserem Hof und beklagte sich immer öfter bei mir: Nie hat man frei. Morgens und abends immer nur Kuheuter und Stallmist. Nie ein paar Stunden oder gar einen ganzen Tag frei. Und Pierre-Alain begann mir seit Monaten schon vorzurechnen, wie schön wir es wieder hätten, wenn wir mit der ganzen Plackerei und dem Bauernsein endlich Schluss machen würden. Alles verkaufen. Mit der Landwirtschaft aufhören und eine Versteigerung abhalten. Nach diesem Schritt könne man sich dann umsehen, entweder reiche das Geld zum Privatisieren oder man würde sich halt beruflich etwas Neues einfallen lassen. Er sei, sagte mein Mann, restlos davon überzeugt, die ganze Familie, aber vor allem auch ich, hätte es viel, viel schöner, endlich. Was dann, fragte ich ihn, möchtest du sonst machen? Zu wem oder bei welcher Firma willst du arbeiten gehen? Wer denn sollte in unserer Gegend eine passende Arbeit für dich haben?

Eigentliche Ferien hat es in meinem Lebtag noch nie gegeben. Und auch mit der ganzen Familie waren wir ein einziges Mal im Urlaub, als wir ein paar Tage in Frankreich bei entfernteren Verwandten meines Mannes weilten. Es war aber mehr oder weniger eine anstrengende Reisewoche mit wenig Erholung.

Andere Frauen erzählen mir manchmal, wie schön und gemütlich es für sie in Süditalien oder Südfrankreich im Spätherbst oder während der Frühlingsferien am Mittelmeer doch sei. Und ich höre sie auch berichten, man hätte dort wochenlang eigentlich gar nichts unternommen und gemacht. Jeden Tag habe man im Liegestuhl an der Sonne verbracht und dabei vielleicht – mit mehr oder weniger Sehnsucht – in den weiten Himmel geschaut. So gesehen muss ich mir eingestehen: Ich könnte so nicht in den Tag hinein leben, weder hier noch an einem Meeresstrand. Denn ich kann nicht ohne dies und das zu arbeiten und schon gar nicht ohne meine täglichen Aufgaben sein.

Eine Sehnsucht nach der grossen weiten Welt, wie in jungen Jahren oder nach meiner Hochzeit, habe ich heutzutage ganz selten mehr – glaube ich wenigstens. Allerdings, wenn jemand morgen zu mir käme, mit interessanten Prospekten aus einem Reisebüro, wie vor einem Jahr mein Bruder und die Schwägerin, und dann die Frage käme: Möchtest du nicht mit uns auf diese oder jene Reise mitkommen? Ich weiss, dann würde ich es mir überlegen und könnte schon sagen: Warum eigentlich nicht? Vielleicht müsste tatsächlich jemand aus unserer Familie oder gar nur die eine oder andere Nachbarin mit einem verlockenden Vorschlag kommen. Genau, wie zu Pfingsten vor einem Jahr, als mich Bruder und Schwägerin aus Genf anriefen und spontan fragten: Wir fliegen beide nach Schweden, möchten aber gern noch jemanden wie dich mitnehmen. Anne-Marie, unsere jüngere Schwester, hat uns auch schon als Mitreisende zugesagt.

Zu der Zeit war Pierre-Alain mit seinen Jahrgängern – wir nennen sie in der Gegend und in unserem Dorf «Les Contemporains» – eine ganze Woche in den Süden gereist. Mein Mann kam gerade von Neapel und der Insel Capri zurück, hatte die Städte Rom und Genua besucht und gab mir zu verstehen, auch einmal Anrecht auf eine Auslandreise zu haben. So kam ich eines Tages dann nach Stockholm und Skandinavien. Mit meiner Schwester, meinem Bruder und seiner Frau. Wir waren mit dem Flugzeug unterwegs, hin und zurück. Ich glaube vier ganze Tage Schweden. Das hat für alle gestimmt. Die kurze Abwechslung hatte mir sehr wohl gefallen. Weit weg von meinem Alltag auf dem Hof und von unserem Dorf. Vor allem das Spontane hat mir total zugesagt. Dabei habe ich über mich selber ziemlich gestaunt, wie man so viel Unvorhergesehenes doch geniessen kann.

Heute fühle ich mich hier im stillen Dorf gut aufgehoben, akzeptiert und einfach wohl. Im Waadtland auch. Ich habe keine Sehnsucht nach einem anderen Himmel.

Prix de Bercher

In unserem Land ist der Bauernstand bekannt dafür, die Faust im Sack zu machen. Und warum eigentlich? Weil wir Bäuerinnen und Bauern vielfach Angst haben, auf den eigenen Produkten sitzen zu bleiben. Mich stört das ungemein, dass sehr oft geklagt und gejammert wird, statt zusammenhalten oder dann einmal laut ins ganze Land hinaus zu rufen: Wir liefern die Milch nicht länger zu einem Spottpreis ab, den wir nicht einmal selber bestimmt haben. Jawohl! Und den Weizen, die Zuckerrüben und die Schlachttiere grad auch nicht!

Wir haben in unserem Dorf schon einige Contestateurs, ein paar Bauern, die immer nach Bern zu den Demonstrationen mitgingen. Wenn bei diesen Protesten auf dem Bundesplatz tatsächlich etwas herausschauen könnte, schliesst man sich hier rasch einer Bewegung an. Es sind sicher zehn Jahren her, als man sich das letzte Mal vom Waadtland zu einer Bauerndemonstration nach Bern aufgemacht oder am Pfingstmontag in der ganzen Schweiz mit Traktoren die Hauptstrassen blockiert und alle Zufahrten zu den Autobahnen abgesperrt hatte. Es war eine grosse Solidarität, und auch mein Mann machte damals mit.
Doch nach den Protesten kehren die Bauern dann in ihre Dörfer und auf die Höfe zurück, arbeiten am nächsten Tag daheim wieder weiter und sind oft gezwungen, all ihre Forderungen fallen zu lassen. Anstatt, wie man auf gut Französisch sagen würde, battre pour avoir. Ich verstehe nicht, warum alles dann bald wieder ruhig wird und seinen gewohnten

Gang geht. Ich möchte allerdings auch nicht contestatieren gehen, weil mir das Protestieren auf der Strasse nicht liegt.

Im Unterwallis, berichteten neulich unsere Verwandte, haben die Gemüsebauern einer ganzen Region zusammengehalten. Einer von ihnen hatte kurz nach Neujahr ganze tausend Kilogramm Endiviensalat bei sich zuhause lagern und wusste nicht mehr, wie er diese Menge absetzen und wem er so viel Salat verkaufen könnte. Also, das wundert mich dann schon: Nie wäre der auch nur auf die Idee gekommen, einem Grossverteiler oder einem Gemüsegeschäft in Lausanne ein einziges Häuptchen billiger abzugeben. Alle Gemüsebauern hielten sich an die beschlossenen Stückpreise. Restlos alle. Kein einziger Primeur hätte seine Salate deshalb auch nur einen Centime billiger abgegeben. Im Gegenteil, die anderen sollen zum Bauer mit den tausend Kilo zu viel Endiviensalaten gekommen sein und ihm angeboten haben, die grosse Ernte aufzuteilen und ein jeder Kollege könnte je ein Dutzend Kartons übernehmen, um ihn bei der Vermarktung zu unterstützen.

Warum die Walliser Gemüsebauern sich auf diese Weise selber helfen können und warum dies die Waadtländer Bauern in unserer Region noch nie zustande gebracht haben, ist mir ein Rätsel. Gut, in der Landwirtschaft haben wir einfach fixe Preise, die stets von den Parlamenten und den Landwirtschaftsämtern vorgegeben werden. Sämtliche Verordnungen und Preise der landwirtschaftlichen Produkte sind vom Staat beschlossen und kommen als Order von Bern oder Lausanne. Basta. Und die Landwirte und Bauern schlucken es. Ist das nicht eine verkehrte Welt, wenn Produzenten nie selber die Preise festlegen können, weder beim Getreide und den Kartoffeln noch bei der Milch? In unserem Dorf sagt man dafür nur noch Prix de Bercher, weil sich in der Nachbargemeinde Bercher die Landwirtschaftliche Genossenschaft mit den Getreidesilos und Lagerhallen befindet.

Unsere Produktepreise kommen immer von der Société agriculture drüben, und wir Bauernfamilien bekommen stets nur den offiziellen Preis. Daran muss sich jeder Betrieb strikte halten. Ein Landwirt darf Getreide nicht selber vermarkten oder beispielsweise in Eigenregie eine Mühle betreiben. Andererseits ist dieser Prix officiel für die andere Seite lediglich ein Richtpreis. Es gibt Abzug, wenn die Weizenkörner zum Beispiel wegen des nassen Wetters schon gekeimt haben, wenn sich im Getreide Unkrautsamen, kleine Strohhalme und Erde befinden, oder einen Qualitätszuschlag, wenn dein Weizen gut getrocknete Körner von besonderer Festigkeit aufweist.

So ähnlich ist es auch bei den Zuckerrüben oder bei der Milchabgabe. Oft bekommt ein Teil der Bauern drei oder vier Rappen Abzüge und ein anderer Teil erhält für gute Qualität Zuschläge. Für die Silomilch, die einen bestimmten Goût hat, gibt es weniger. Andere Betriebe in den Berggebieten dagegen erhalten auf jeden Liter Milch ein paar Rappen Zuschlag. Du selber aber hast nie ein einziges Wort zu einem offiziellen Preis zu sagen. Stets wird unser Prix de Bercher staatlich festgelegt. Einen Sack Kartoffeln im Herbst privat zu verkaufen, ist uns gerade noch erlaubt, doch seinen Preis bestimmen so oder so wiederum die anderen. Sogar auch bei den Früchten. Wir haben auf unserem Hof über den Eigenbedarf Kirschen. Man gibt die Früchte also ins Fass und bringt die Fässer der Landwirtschaftlichen Genossenschaft zum Brennen von Kirsch. Selbst hier ist der Marktpreis von einem Kilo Kirschen und einem Liter Schnaps wiederum Prix de Bercher. Kein einziger Bauer kann in Bercher drüber markten und etwa sagen: Seht mal her! Unsere schwarzen Kirschen sind dieses Jahr noch schöner, und ich möchte dafür ausnahmsweise etwas mehr lösen. Einen besseren Kilopreis erhalten. – Non, non! Prix de Bercher, heisst es. Fremdbestimmt und fertig.

Die meisten Bauernfamilien im Dorf halten deshalb auch keine Hühner. Das Federvieh rechnet sich heute nicht mehr. Denn du hast ja wiederum keinen Einfluss auf den Stückpreis der Eier gehabt. Selber kaufe ich die Eier jetzt bei zwei Kolleginnen, die auch noch eine Landwirtschaft haben. Die eine Bäuerin verkauft mir das Dutzend für drei Franken fünfzig, die andere das Stück für zehn Rappen mehr. Das ist schön und gut. Doch wenn die beiden mit ihren Eierkartons in die Stadt fahren, dann diktiert ihnen die Ladenfrau oder ein Filialleiter eines Lebensmittelverteilers dort den Eierpreis, und sie sagen etwa: Ich bezahle so viel, dafür nehme ich dir regelmässig alle Eier. Nicht einverstanden, ja? Auch gut. Dann ist halt Schluss, und fahrt bitte mit euren Landeiern wieder zurück nach Hause.

Ja, sämtliche Geschäftsleute, Ladenbesitzer und jede andere Berufsgruppe wissen sich bei ihren Preisen, beim Einkauf wie beim Verkauf der Produkte und Dienstleistungen besser als wir Bauern und Bäuerinnen durchzusetzen. Wir sind uns in der Regel gar nicht mehr gewohnt zu markten, mit einer einzigen Ausnahme. Das ist, wenn der Metzger oder der Viehhändler ins Haus kommt. Da höre ich vor dem Haus oder in der Küche manchmal den Verhandlungen und Diskussionen mit meinem Mann zu. – Jetzt gehen die Mastkälber aber teuer, hört man sie sagen. Doch wenn es genug Kalbfleisch in den Kühlhäusern und in den Metzgerläden hat, musst du dann ja nicht meinen, du könntest als Bauer noch zu einem etwas höheren Marktpreis kommen. Da würde sich der Metzger oder Viehhändler einfach umdrehen und der Handel wäre augenblicklich geplatzt.

Das Ende der Vehfreude

Als ich von einem Waadtländer Dorf vor fünfundzwanzig Jahre auf den Hof meiner Schwiegereltern in die Nähe der Stadt Freiburg kam, gab es im Einzugsgebiet unserer Käserei insgesamt noch vierzehn traditionelle Bauernbetriebe. Wir hatten im Stall ungefähr zwölf bis fünfzehn Kühe, dazu Rinder und Kälber. Rückblickend gab es in unserem Weiler immer wieder die eine oder andere Veränderung. Die Käserei etwa wurde vor einiger Zeit aufgegeben, konnte neuen Bedürfnissen angepasst werden und ist heute eine Art medizinisches Haus als Tagesstätte und Aufenthaltsort für demente Personen. Doch alle Bauernhäuser stehen noch und die drei landwirtschaftlichen Betriebe sind erhalten geblieben, da wir uns zwar in Stadtnähe, aber nicht in der eigentlichen Baulandzone der Gemeinde befinden. Im Unterschied zu früheren Zeiten leben hier weniger Leute, die paar Bauernfamilien sind kleiner geworden und haben selten noch landwirtschaftliche Angestellte, Lehrlinge, Mägde oder Haushaltshilfen. Auf allen Betrieben hatte man vor dreissig Jahren eine Lehrtochter, man hatte zum Arbeiten und Ausbilden zwei Lehrlinge, dazu zu den Erntezeiten in den Sommermonaten zusätzlich den einen oder anderen Angestellten. Oft hatten die Grosseltern oder früheren Generationen auf einem Hof mitgearbeitet und zusammen mit der jungen Bauernfamilie gelebt. Auf dem einen Betrieb ist der Bauer nun schon ganz allein. Wir selber hatten, so lange es hier Kühe und eine Milchproduktion gab und weil mein Mann Martin ein Meisterlandwirt ist, stets einen jungen Burschen als Lehrling.

Es gibt in unserem Kanton, vielleicht in anderen Landesgegenden auch, vielfach in der Landwirtschaft nur noch sogenannte Auslauf-Betriebe. Diese wollen oder können sich der neuen Zeit und all den ungewohnten Herausforderungen kaum oder gar nicht mehr anpassen oder leben, wie wir selber, mit der Perspektive, dass es für den eigenen Hof keinen Nachfolger mehr gibt und sich eine weitere Umstellung nicht mehr lohnen könnte. Bei all den Höfen in unserem Weiler heisst es entweder wachsen oder weichen. Entweder in einen Produktionszweig viel Kapital investieren, um grösser zu werden – oder seinen Hof halt dann nur noch als Nebenerwerbsbetrieb zu führen. Unsere Landwirtschaftspolitik ist allerdings, wie gern gesagt wird, ein Ding mit sieben Siegeln, wo keiner etwas Verlässliches voraussagen kann. Man geht da fünf Jahre in die eine Richtung, aber plötzlich gelten die nächsten fünf Jahre schon wieder andere Regeln. Oder man erteilt uns Bauern und Bäuerinnen ganz widersprüchliche Empfehlungen, was in Zukunft anzubauen sei und welche Betriebszweige noch Sinn mache.

Noch stärker verändert hat sich auf unseren Höfen die Viehwirtschaft. Kein einziger Betrieb hat heute noch eine Kuh. Von Jahr zu Jahr ist der gesamte Viehbestand aus den Ställen verschwunden. Es hiess bei unserer Hofübernahme Mitte der siebziger Jahre von Seiten des Bundes, die Bauern sollten weniger melken, es gebe im Land eine Überproduktion an Milch. Als darauf die Milchkontingentierung kam, konnten wir die Anzahl Kühe zunächst nicht erhöhen. Erst als wir vor fünfzehn Jahren von einem Nachbarn zu unserem Betrieb Pachtland dazu bekamen, konnten wir unsere Milchmenge um ein kleines Kontingent erhöhen. Doch bald danach stellte sich uns ein neues Problem: Wir waren als Bauer und Bäuerin allein auf dem Hof und hatten für zwei Personen mit der Zeit zu viel Arbeit. Sechs Tage die Woche strenge Arbeit und am Sonntag sich zwischen den Stallarbeiten kurz ausruhen konnten wir auf die Dauer beide nicht durchhalten. Ich hätte eigentlich gern mehr auf dem Betrieb mitgeholfen, doch Martin und ich stiessen von unserer Gesundheit her dann an Grenzen.

Wir versuchten den Verkauf unserer Kühe, Rinder und Kälber so lange es nur möglich war aufzuschieben. Nicht mehr in den Stall gehen und die Milch zweimal täglich in die Käserei bringen zu müssen, war einer der schwierigsten Momente in unserem Leben – selbst für mich als Bäuerin, obschon ich meinen Mann im Stall gar nie beim Füttern, Melken und Misten unterstützt habe. Als aber eines Tages dann das letzte Stück Vieh aus dem Stall geholt wurde, und wir auf unserem Hof auf einmal ganz ohne Tiere waren, erlebten wir das Gefühl einer unbeschreiblichen Freude, das wir bisher noch nicht gekannt hatten. Punkt siebzehn Uhr, wenn es in den Stall gehen sollte, haben wir uns jeweils umgezogen, stiegen – manchmal auch an einem Samstag – zusammen ins Auto und fuhren nach Fribourg, um in ein Stadtkino zu gehen. Welch ein Hochgefühl! Wir beide, eine Bäuerin und ein Bauer, die sich gemeinsam einen Film anschauen. Wir durchbrachen auf einmal einen Arbeits- und Lebensrhythmus, den beide von Kindesbeinen an in sich hatten. Dies machte uns unbeschreiblichen Spass, und wir haben es, bis heute immer wieder, unendlich genossen. Ich empfinde jeden Besuch in der Stadt, sei es Kino, Konzert oder Theater, immer noch nicht als etwas Selbstverständliches, ja, in gewisser Weise als Luxus für eine Bauernfamilie.

Maschinensharing

Mein Schwiegervater oder auch mein Vater und mein Gross-vater hätten, soweit wir wissen, nie im Leben von einem an-deren Bauernhof oder ihren Nachbarn auch nur eine Mistga-bel oder eine Maschine entliehen. In früheren Zeiten hat man eine Zusammenarbeit nicht gekannt. Man stand mehr oder weniger mit jedem anderen Bauernhof in Konkurrenz. Mir kommt es vor, als seien die Bauern nicht zuletzt durch die regulierten Festpreise zu einer gewissen Solidarität ge-zwungen worden. Wäre unsere Arbeit und die landwirt-schaftlichen Produkte besser bezahlt, würde jede Familie wohl wie in früheren Generationen noch immer nur für sich schauen. Auch wir besprechen uns seit einigen Jahren, schon fast automatisch, mit der Bauerfamilie von nebenan. Mein Mann hat im Dorf einen Cousin mit einem Bauernhof, und zusammen mit einem weiteren Bauer haben sie unlängst eine Maschine zum Mistaufladen gekauft. Jeder Landwirt zahlte bei dieser Neuanschaffung den gleichen Betrag. Da der Nachbar von uns mehr Mist aufzuladen und zu führen hat und er das neue Gerät häufiger braucht als wir, logiert unser Gemeinschaftsladekran in der Regel auf seinem Hof, wo auch der Unterhalt besorgt wird.

Noch haben wir in unserem Dorf keine eigentlichen Maschi-nengemeinschaften. Wenn zwei oder drei Landwirte etwas zusammen beschliessen, dann geschieht das auf private Initi-ative hin. So haben wir etwa auch eine Mähmaschine ge-kauft. Da unser Nachbar auf seinem Betrieb einiges an Gras mehr zu mähen hat, nimmt er die Mähmaschine, wenn sie nicht gebraucht wird, zur Aufbewahrung in seine Maschinenhalle. Es stört doch keinen, wenn ein Bauer diese teuren Maschinen nicht mehr ganz allein besitzt. Auch die Sämaschine, die Pumpe zum Bäume- und Getreide-Spritzen, teilen wir mit einem andern Bauern. Dieses Spritzgerät beispielsweise ist immer bei uns. Auch der Düngerstreuer logiert hier. Bei keiner gemeinsam gekauften Maschine und keinem einzigen landwirtschaftlichen Gerät haben wir ein Schriftstück unterschreiben müssen. Wenn man Gemeinschaftsmaschinen hat, muss von allen Teilnehmern guter Wille da sein. Man spannt nur mit Leuten zusammen, mit denen man gut auskommt und sich versteht. Man hört höchst selten, dass sich zwei Bauern verkracht hätten, weil grad beide am gleichen Nachmittag die Maschine bei sich im Einsatz haben möchten. Mehr und mehr wird es einfacher, gut zusammen auszukommen. Echte Probleme in einem Dorf, scheint es mir, gibts nur, wenn einer immer der absolut Erste sein muss und jeder noch grösser und schneller als der andere sein möchte.

Unter den Bauern und Landwirten in unserem Dorf kannte man immer schon Solidarität, allerdings eine etwas andere Art als sich gegenseitig Erntemaschinen auslehnen oder zusammen eine teure Maschinen kaufen. Solidarität gibt es immer dann nämlich, wenn auf einem Hof einer in Not gerät, plötzlich zum Beispiel schwer krank wird oder wenn eine Bauernfamilie sonst irgendwie ganz dumm dran ist. Wir selber haben es unlängst erfahren, als mein Mann als Notfall ins Spital eingewiesen werden musste. Man kann nicht unbedingt sagen, er habe einen Nervenzusammenbruch gehabt; durch einen stark entzündeten Ischias-Nerv war das Nervensystem vielmehr blockiert, sodass sich mein Mann kaum mehr bewegen konnte. Da kamen gleich am ersten Tag zwei, drei Nachbarn und haben mich gefragt: Sag uns bitte, wenn du irgendetwas nötig hast. Alles werde gemacht. Ohne Weiteres.

Die drei Bauern sind dann oft gekommen und haben sich wieder erkundigt: Wie geht es deinem Mann? In jedem Fall sagst du uns, wenn du uns brauchst.

Der eine Nachbar, der seinen Hof oben im Dorf hat, kam uns dann gleich die Kühe melken und den Stall machen, und er sagte zu mir einfach: Weisst du, ich mache gar nicht gern Stallarbeiten. Aber wenn jemand wie dein Mann im Dorf krank ist, dann komme ich immer. Das ist doch klar und selbstverständlich. Es war sogar einer unserer Bauern, der im eigenen Stall gar keine Kühe mehr zu versorgen und zu melken hatte.

Dass man sich heutzutage unter Landwirten und Bauernfamilien aushilft, hört man nun schon von überall im Gros-de-Vaud, auch aus dem Jura, dem Broyetal und verschiedenen anderen Landesgegenden. Da kannst du hinhören, wo du willst, immer mehr und mehr Geräte werden heute gemeinsam gekauft und die Arbeiten zusammen gemacht. Darin zeigen sich die Vorteile eines Dorfes. Wenn dir im Sommer irgendeine Erntemaschine plötzlich streikt, brauchen wir nur nach nebenan zu gehen, um beim Nachbarn zum Beispiel eine Stroh- oder Heupresse zu entlehnen.

Wenn es einen gemeinschaftlichen Maschinenbesitz in unserem Dorf erst seit gut zehn Jahren gibt, sollte ich doch erwähnen, dass es früher einmal, vor ein paar Generationen, unter den Bauern schon eine Art Selbsthilfe gegeben hatte. Da wurden im 19. Jahrhundert hier gleich zwei Drescherei-Sociétés gegründet. Die eine Gesellschaft hatte in einem Dreschhaus eine fixe Maschine, während die andere mit einer mobilen Dreschmaschine in den Wintermonaten von Hof zu Hof gefahren ist. Offensichtlich konnten sich die Vorfahren nicht auf ein System einigen, und so war das obere Dorf hauptsächlich eine Dreschgenossenschaft, während die Bauern des unteren Dorfteils als andere Version die mobile Dreschmaschine bevorzugten.

Aber wie erwähnt, zu den Zeiten meiner Eltern und Schwiegereltern wären Gemeinschaftsmaschinen unmöglich gewesen. Oder auch, sagen wir, wenn die Nachbarsfrau krank war, hätten sie einander höchst selten ausgeholfen. Noch vor fünfzehn und zwanzig Jahren hat jede Bäuerin nur für sich geschaut. Doch heute, wenn du kleine Kinder hast, ist es in unserem Dorf wirklich kein Problem mehr: Du kannst die Kleinen zur Betreuung ins Haus daneben geben, und dort wird für die Kinder gesorgt. Verschiedene Nachbarinnen haben doch meine Kinder so oft beaufsichtigt und betreut. Hier hilft man sich aus unter Frauen. Wenn ich fürs Frühstück grad keinen Anken habe, gehe ich rasch zur Nachbarin hinüber. Die wiederum kauft hie und da zu wenig Brot und kommt morgens um halbsieben fast schon regelmässig, um bei mir Brot zu holen.

Leider gibt es auch heute noch Bauersleute, zwar nur noch vereinzelte, die weiterhin in den alten Zeiten ausharren. Ich will zwar nichts gegen unseren einen Nachbarn gesagt haben, denn der Mann war immer sehr nett. Er telefoniert, wenn unsere Kühe und Rinder aus der Weide neben seinem Haus ausbrechen oder oft sagt er uns am Abend in die Käserei bloss: Wir haben euch heute Nachmittag das Vieh wieder zurück auf das Weideland gebracht.

Eine Mähmaschine oder einen Mistkran könntest du bei ihm hingegen wohl kaum ausleihen. Mein Mann hat es einmal gewagt, ihn um eine Maschine zu fragen. Doch seine unpassende Bemerkung nebst der abschlägigen Antwort müssen wir uns nicht noch ein zweites Mal anhören. Dabei könnte er ja selber, dieser etwas Zurückgebliebene, auch das eine oder andere Mal von seinen Nachbarn profitieren, wenn ihm mitten in der Arbeit der Ladewagen oder irgendein anderes Erntegerät ausfällt.

Tod auf dem Nachbarhof

Nun geschah etwas Aussergewöhnliches: Kaum waren Sebastian und ich im Rustico neben der halb verfallenen Ruine mit Blick auf die Kastanienwälder des Malcantone und unser kleines Dorf an der Grenze eingerichtet, starb im Tal unten ein alleinstehender Bauer. Weil unser neues Zuhause, das Anwesen bei der Alten Mühle mit den beiden kleinen Äckern in der Nähe des Waldsees und umgeben von vergandeten Terrassenkulturen und den Weiden für die Schafe und Ziegen, direkt am Hang über dem unteren Hof vor vielen hundert Jahren erbaut wurde, wären wir wohl seine eigentlichen Nachbarn gewesen. Der kaum fünfzigjährige Mann hatte für diese abgelegene Landesgegend einen relativ stattlichen Landwirtschaftbetrieb. Er betrieb Viehzucht, hatte eine ansehnliche Milchproduktion, von der wir am Berg nur hätten träumen können, aber der fünfundvierzig Jahre alte Kollege experimentierte, auch mit neuen Getreidesorten, baute Frühkartoffeln an. Daneben standen seine Felder mit Mais und Sonnenblumen.

Es war kurz vor Weihnachten, und wir hatten, was hin und wieder in der Adventszeit auch im Tessin vorkommt, seit ein paar Tage einen guten halben Meter Schnee. Ich kenne mich auf dem Bauernhof wirklich nicht aus, habe mir aber immer vorgestellt, wenn ein Landwirt oder eine Bauernfamilie die Kühe im Stall nicht füttert, würde das von den Nachbarn, den Beamten vom Zollamt oder von einigen Leuten im nahe gelegenen Dorf nach vier oder spätestens fünf, sechs Stunden bereits bemerkt werden. Das war aber offensichtlich nun anders. Seine Kühe, Rinder und Kälber, insgesamt zwischen dreissig und vierzig Stück, standen in den Ställen und wurden ganze zwei Tage und zwei Nächte von niemandem versorgt, weder gemolken, noch gefüttert, und keiner einzigen Person aus der Gemeinde oder direkten Nachbarschaft fiel irgendetwas auf. Sebastian und mir natürlich auch nicht, obschon wir uns in diesen Tagen oben in unserem Rustico aufhielten, doch wegen des vielen Schnees gar nicht ausser Haus gehen wollten. Wir kannten den Mann auf dem Nachbarhof unten kaum und lästerten meist spöttisch über den Meisterlandwirt aus der Pampa. Viel später hat man erst erfahren, wie ordentlich ers ums Haus herum hatte und wie pflichtbewusst der Vieh versorgt und seine Tiere gemolken wurden. Jeden Tag, hiess es, habe morgens Viertel nach fünf das Licht im Stall gebrannt, und spätestens ab fünf Uhr abends auch, regelmässig. Als es aber auf dem Hof wenige Tage vor Weihnachten finster blieb, haben auch wir es, da es fast andauernd geschneit hatte, nicht bemerkt. Erst eine seiner Schwestern aus dem Sottoceneri begann sich Sorgen zu machen und fuhr, als von ihrem Bruder auch am Telefon kein Lebenszeichen mehr zu bekommen war, auf dem Hof und musste dann feststellen, dass seit zwei Tagen niemand mehr im Bauernhaus gewesen war. Im ersten Moment hatten wir, die verschiedenen Bauernfamilien in der Nachbarschaft, seine Kühe übernommen und wieder gemolken.

Nach tagelangem Suchen fand man ihn schliesslich, dank seinem Hund, im dichten Kastanienwald. Der Bauer lag tot neben der Strasse in einem kleinen Graben. Man hatte beim Strassenfreilegen mit dem Schneepflug, ohne es zu ahnen, unseren Nachbarn mehrmals noch mit Schnee zugeschüttet. Es war insofern merkwürdig, weil sein Hund sich die ganze

Zeit in der Nähe des Grabens bei der Leiche aufhielt, und niemand konnte verstehen, warum er dort bleiben und nicht ins Bauernhaus zurückkehren wollte. Nach der Obduktion der Leiche stellte sich heraus, dass unser Nachbar auf dem Nachhauseweg offenbar gestürzt und dann zunächst in den Graben gefallen war. Dort aber dann, weil ihn keiner hören und niemand Hilfe holen konnte, erfroren war. Die Nachricht für die Leute im Dorf wie auch für uns, die wir in der Nähe wohnten, war schockierend. Wir hatten erst dann bemerkt, wie ernst es um den Vermissten stand, als auf einmal die Streifenwagen der Polizei beim Hof auffuhren und die Beamten beratend vor seinem Haus standen.

Einige Zeit später wurde dieser Hof zur Pacht ausgeschrieben. Was ich aber nicht wusste, nicht einmal ahnen konnte, war, dass Sebastian ausgerechnet am Hof dort unten in der Pampa heimlich grosses Interesse an dessen Bewirtschaftung hatte. Es sei schliesslich ein schöner und grosser Vollerwerbsbetrieb, mit Wiesen und viel ebenem Land. Als er mir dies endlich eröffnet hatte, war ich so überrascht und beleidigt, dass ich Sebastian sagte: Bitte, bewirb dich! Aber ohne mich. Mir ist es hier recht und wohl, sehr wohl. Ich bin rundum zufrieden. Wir sind grad erst vor ein paar Monaten aus der Stadt und ihrer Hektik in der Alten Mühle neu eingezogen. Da Sebastian schwieg, doppelte ich noch einmal nach: Wenn du tatsächlich Interesse an seinem Hof im Talboden unten hast und von mir weggehen willst, solltest du dich bewerben.

Für mich hatte endlich alles gestimmt, unser Rustico, wie auch die Beziehung zu Sebastian. Tatsache war, wie ich leider erst später erfahren musste, «wir» hätten uns um die Pacht und um die Übernahme des gesamten Betriebes ordentlich und ordnungsgemäss beworben. Das hiess mit mir «als Bäuerin» und hiess «mit junger Frau» oder einer eigenen Familie, aber ohne mein Einverständnis. Mein Freund hielt mich dann zwar stetig auf dem Laufenden, berichtete auch, es seien bei der Gemeinde 88 Bewerbungen eingegangen. Ich wusste sogar, Freunde und gute Kollegen von Sebastian und mir, eine junge Familie, wären auch darunter. Doch die bekamen bald schon ihre Bewerbungsunterlagen zurück. Man hörte also da und dort von Absagen. Nur Sebastian bekam seine Bewerbung seltsamerweise nicht zurück, bis er sie mir eines Tages dann gestanden hatte. Natürlich wurde ich sehr heftig und würdigte ihn später keines Blickes mehr. Dann kam eines Tages von der Gemeindeverwaltung eine Einladung mit der Anrede «Sehr geehrte Frau» und «Sehr geehrter Herr». Wir haben einander angeschaut. Darauf ein langes Schweigen. Keine Antwort von Sebastian, dann endlich kam ein hilfesuchender Blick. Gut, sagte ich zu mir, wenn du weder dich entschuldigen, noch mich mitzukommen bitten kannst, dann kannst du von mir die Meinung schon hören: Zum Ersten sind wir nicht verheiratet. Zum Zweiten bin ich zufrieden hier, wo ich bin. Und zum Dritten, das sage ich auch gleich: Wenn du die Landwirtschaft, diesen Vollerwerbsbetrieb unbedingt, und zwar so unbedingt wie nur etwas, ab nächsten Frühjahr bewirtschaften willst, dann nimmst du ihn in Pacht. Allein. Mich lass' bitte aus dem Spiel. Darauf meinte Sebastian: Das ist für mich allein ein zu grosser Betrieb, das weisst du. Entweder wir gehen zusammen, wir beide, oder wir gehen nicht. Denn allein, fügte er noch hinzu, gehe er nicht ins Gemeindehaus zu einem Gespräch. Noch immer waren wir uns sicher, den verwaisten Nachbarhof im Tal unten nicht zugesprochen zu erhalten. Denn Sebastian ist zwar ein Bauernsohn, hat aber keinerlei landwirtschaftliche Ausbildung vorzuweisen. Ich beruhigte mich also wieder nach ein paar Tagen. Später könnte er allenfalls, sollte es tatsächlich zu einer Überraschung kommen, immer noch sagen, Nein danke. Meine Freundin und ich wollen den Hof eigentlich doch nicht.

In jenen Wochen kamen unsere Eltern mehrmals zu Besuch und versuchten uns, hauptsächlich mir, Mut zu machen. So hatten Sebastian und ich die Möglichkeit, wenn für mich auch um einige Jahre zu früh, von einem Weder-Fisch-Noch-Vogel-Betrieb auf eine anständig grosse Landwirtschaft umzusteigen. Auf einen «Vogel» sozusagen, ohne den «Fisch». Im Unterschied zum kleinen Anwesen bei der Alten Mühle, wurde ich dann überzeugt, hätten wir im Tal unten einen Hof mit einer längerfristigen Perspektive. All das war für mich neu, und ich brauchte Zeit. Denn wir hatten bis zu dieser Entscheidung doch beide eher in den Tag hinein gelebt und uns kaum je über eine Zukunft schon Gedanken gemacht. Ich wollte mich weder als Angestellte in Lugano noch als Bäuerin im Malcantone festlegen. Aber eine Zukunft mit der obligaten Kleinfamilie, mit Kinder, Küche, Kirche, stand eher auch nicht auf meinem Wunschzettel.

Die Eltern von Sebastian wie auch meine Eltern wiederholten sich immer nur und insistierten: Das müsst ihr nehmen, da gibt es kein Zögern. Wenn einem in der heutige Zeit ein landwirtschaftlicher Betrieb dieser Grösse angeboten wird, muss man blind und ganz rasch zusagen. Abend für Abend sprach bald der eine, bald der andere Besuch auf uns ein, doch mehr und mehr nur noch auf mich. Das Erstaunliche dabei war, dass sogar meine Eltern mit fast den gleichen Sätzen wie der Vater und die Mutter von Sebastian uns zur Hofübernahme und dem Neuanfang im Tal unten aufforderten: So stellt euch nicht an! Macht vorwärts. Sagt endlich zu. Es ist beinahe der einzige Betrieb im ganzen Malcantone, der so gut gelegen ist und die Grösse hat, dass auch eine Familie ihn wirklich allein bewirtschaften kann. Da gibt es keinen einzigen steilen Hang. Dort habt ihr zudem eine Aussicht vor dem Haus, als wärs auf einer Postkarte. Der Hof braucht eine Familie, und es ist ein Betrieb mit einer Zukunft. Da geht ihr kaum ein Risiko ein. Auf so einen Bauernhof, angeboten von der Bürgergemeinde mit mehrjährigem Pachtvertrag, muss man sich einlassen. Mit einer finanziellen Absicherung von Seiten eurer Eltern und Familien. Jetzt entscheidet euch. Da wird doch nicht mehr überlegt. Ab Frühling habt ihr ein neues Zuhause, das kein kleines, halbzerfallenes Rustico ist. Und sie sagten zu mir auch: Das kannst du Sebastian doch nicht antun, «deinem Mann». Dabei waren wir nicht einmal verlobt. Wir hatten uns bis anhin noch gar nie übers Heiraten unterhalten oder gar die Gründung einer Familie besprochen. Es gab zwar zwischen mir und Sebastian eine Abmachung, doch die lautete eher: Wir mögen uns zwar, haben aber gegenseitig keinerlei Verpflichtungen. Keine Verpflichtung, weder privat noch beruflich.

Aber am nächsten Tag doppelten seine und meine Eltern wieder nach: Die Pacht muss man einfach übernehmen. Ihr müsst zusagen. Wenn man schon die Möglichkeit hat. Das ist, wie … Wie was?, fuhr ich dazwischen. Die Antwort kam prompt: Wie im Lotto ein «Fünfer plus». Das ist zwar noch nicht der «Sechser blank». Aber dieses Angebot der Gemeinde ist einem «Sechser» im Lotto doch schon sehr, sehr nahe.

Schliesslich habe ich mich umstimmen lassen, und Sebastian und ich zogen im nächsten Frühjahr von unserer Alten Mühle als neue Pächter hinunter ins Tal, um als junger Landwirt und Bäuerin den Hof dort zu übernehmen. Die Liegenschaftenkommission der Gemeinde hatte uns darum aus allen Bewerbungen ausgewählt, weil sie diesen Betrieb jungen Leuten übergeben wollten, die dann eventuell einmal eine Familie gründen würden. Da zahlreiche Landwirtschaftsbetriebe im Malcantone in den vergangenen zwanzig Jahren aufgegeben wurden, wollten die Behördenvertreter diesen einen Hof nicht auch noch aufteilen. Bereits haben wir – es war noch kein Jahr vergangen – bei unserem neuen Zuhause erfahren, dass man da, anders als oben bei der Alten Mühle, den Schnee nicht mehr selber wegzuschaufeln hatte, denn eine Zufahrt zum Hof wurde von der Gemeinde nun auch im tiefen Winter gewährleistet. Ich habe mich schliesslich begeistern lassen, weil es für die Kühe, Schafe und Ziegen einen Laufstall gab, sodass unsere Tiere beinahe zu jeder Jahreszeit frei herumgehen konnten.

Im ersten Frühjahr, als wir auf unserem Hof neu begonnen haben, verspürten wir, Sebastian und ich, in der Magengegend ab und zu ein mulmiges Gefühl, dass wir beide im Hauptberuf gar keine Bauern sind. Es war eine ziemlich merkwürdige Sache, die nun auf uns zukam. – Jetzt gilt es ernst, mit richtig Bäuerin und Bauer sein. Die Felder, der Mais, die Sonnenblumen und vor allem das viele Vieh. Die Landwirtschaft war doch zunächst für Sebastian und mich – er, der Automechaniker und Schlosser aus Roveredo im Misox, und ich, die Drogistin aus Lugano-Paradieso – bloss ein Steckenpferd nach dem Feierabend.

Kein schöner Land

Von Zeit zu Zeit zieht es meinen Mann und mich in das Emmental. Nicht nur, weil meine Vorfahren im hinteren Tal der Gemeinde Trub einmal Bauern und Bäuerinnen gewesen waren, sondern weil die Landschaft mit ihren Hügeln, Eggen, Grünmatten, kleinen Feldern und unendlichen Wäldern unserem Wesen entspricht. Sie ist weit und ruhig. Sie liegt dem Auge offen und hat doch ihre Geheimnisse. Sie ist erhaben. Auch nicht verwildert, höchst selten schon vergandet. Da wird noch zu den Höfen und Kulturen geschaut, als sei es seit Generationen das Natürlichste von der Welt. Nicht nur das Vieh und die vielen anderen Tierarten befinden sich hier noch schier in archaischen Zeiten, sie scheinen in diesem gesegneten Landstrich das glücklichste Leben zu haben. Kaum ist Schutz oder gar Chaos auszumachen, denn nicht nur in der versteckten und hintersten Ecken sind Wiesen, Äcker an steilen Hängen, Tannenwälder, Wässermatten in den Tälern und Felder auf Hochebenen und Sonnenterrassen noch so makellos und dergestalt gepflegt. Da erfreut einen die ganze Palette der grünen Farbtöne, und ein neugieriger Blick findet eine Weite und selbst da noch eine Unendlichkeit, wo diese bloss zu erahnen ist. Ich könnte in diesem beinahe vergessenen Land zwischen Mittelland und den Voralpen, zwischen den neuen Ballungszentren Zürich, Bern und Luzern, der Innerschweiz, jeden Tag von neuem meine Freiheit wiederfinden.

Wenn mein Mann und ich ins Emmental zu einer Wanderung aufbrechen, begibt man sich auf eine Reise zu uns selber. Doch blickt man dann nach einer Stunde vom Wanderweg auf, der uns etwa von der S-Bahn-Station in Bowil auf die Anhöhen nach Mühleseilen, einer einmaligen Häusergruppe mit Bauernhöfen, geführt hat, ist gegen Süden und gegen Westen im Gegenlicht das Panorama der Hochalpen mit Eiger, Mönch und Jungfrau zu bewundern.

Im Emmental fällt auf, wie viele Bauernhöfe vereinzelt in der schönen Landschaft stehen. Umgeben meistens von einer Häusergruppe, ihrem Spycher, einer neuen Maschinenhalle, Hühnerhof, Schweinestall, einem Holzschopf, dem Stöckli und allem drum und dran, erhält man den Eindruck, so ein Einzelhof sei gar noch mehr als ein ganzer Bauernweiler, ja, es müsse beinahe ein eigenes kleines Dorf sein. In jedem Fall aber ein ganz und gar unabhängiger Ort, wo ein «Gemeindepräsident» seines Amtes waltet und regiert und wo jeder selber noch die Geschicke bestimmt. In seinem Reich, heisst das, haben ihm die ganze Familie wie auch sämtliche Bewohnerinnen und Bewohner unter seinem breiten Hausdach zu gehorchen. Als Bäuerin weiss ich natürlich aus eigener Erfahrung, dass dieses «Präsidentenamt» nicht immer nur Männer innehaben, wie schon aus Gotthelfs Zeiten bekannt ist.

Wenn wir das Emmental erwandern und erkunden, begegnen wir dort nicht nur der eigenen Seele und Befindlichkeit, sondern erkunden gleichzeitig auch unsere Herkunft. In der Landschaft meines Emmentals, ohne dies gleich an die grosse Glocke hängen zu wollen, werden mir stets auch Zukunft und Vergangenheit, Enttäuschung und Zuversicht, der Atem der Gegenwart wie unsere Hoffnungen sichtbar.

Stillleben – in Sekundenbruchteilen

An Blumen habe ich meine Freude. Am Schneeballbäumchen vor dem Haus, an den Lupinen und Königskerzen im Ziergarten vor der Veranda. An der Vielfalt, nicht unbedingt an einem blühenden Zweig des Aprikosenspaliers oder des Flox und der Forsythien und einer bestimmten Pflanze. Es ist eigentlich – das Gemüse im anderen Garten und die Rosensträuche miteingeschlossen – die Summe von allem.

Es macht Freude, weil ich ein Gemüsebeet, die Kulturen auf dem Feld, unsere Bäume im Obstgarten oder meine Blumen in der Wohnung und um das ganze Haus herum als Schmuck empfinde. Als etwas natürlich Schönes. Von der Ernährung her freut es mich jeden Tag im Jahr, an dem ich vor dem Mittagessen rasch in den Garten gehen kann, um nicht wegen einem Salathäubchen oder wegen ein bisschen Petersilie mit dem Auto in die Stadt fahren muss.

Wenn ich von meinem Küchenfenster aus die Gerstenfelder beim Nachbarn und die Roggen- und Weizenfelder von uns sehe, wie der Wind die Halme bewegt, welche Strukturen und Formen sich in einem Getreidefeld ergeben, wie ebenso rasch und zufällig durch Windstösse bewegte Bilder gemalt und – anscheinend ein Stillleben – in Sekundenbruchteilen sich verändern, dann könnte ich diesem Schauspiel stundenlang jeden Tag fasziniert zuschauen.

Impressionen aus dem Alltag

2. Juli 2011

4.30 Uhr. Wir machen uns auf den Weg. Nach sechzig Minuten Autofahrt überqueren wir eine kleine Holzbrücke und sehen den Hof vor uns liegen. Eingebettet in grüne Wiesen und Berge.

Die Bäuerin, dir wir treffen, Mutter, Haus-, Land- und Ehefrau in einem, bestreitet den Tag mit Leichtigkeit; so herzlich wie sie sich um ihre Kinder kümmert, so liebevoll pflegt sie ihre Tiere.

Carmela Odoni

Freiluftmensch

I

Wenn du einen Mann heiratest, der Landwirt ist, schliesst du gleichzeitig eine Ehe mit seinem Bauernhof und den Eltern, die den Betrieb bisher bewirtschaftet haben. Als ich mich als Lehrerin entschieden hatte, fortan auf dem Land zu leben und mit Kurt eine Familie zu gründen, war mir schon bewusst, in eine bestehende Struktur hineinzukommen und ich habe gehofft, mich unter einem gemeinsamen Dach einmal wohlzufühlen mit einem Schwiegervater, mit einer Schwiegermutter und ihrem Sohn. Diese Vorstellung hatte zunächst ein mulmiges Gefühl ausgelöst, hie und da bekam ich Angst, diesen Schritt zu tun: Will ich denn mein Leben, nach ein paar Jahren im Schuldienst, überhaupt ändern? Wie soll ich einen Haushalt, den ich bisher allein geführt habe, mit einer Familie teilen? Werde ich fortan unter ständiger Beobachtung der Schwiegermutter stehen und werde ich vor ihr bestehen können? Zu der Zeit hatte ich wenig persönliche Erfahrungen mit der Landwirtschaft und kaum Vorstellungen über meine Rolle im neuen Beruf. Allerdings hatte ich Vertrauen zu meinem zukünftigen Mann, eine Art Grundvertrauen, es müsse auf unserem Hof mit Kurts Eltern und mit ihm zusammen möglich sein.

Mit dem Wechsel auf den Bauernhof gewann ich nun aber viel Neues dazu. Vor allem habe ich mich selber ganz und gar nicht aufgeben müssen, als ich Schwiegertochter und die Frau eines Landwirts wurde – im Gegenteil: Unter den neu gewonnenen Freiheiten, die ich vom ersten Tag an schätzen lernte, war der Tagesablauf. Dies bedeutete beispielsweise eine Zäsur gegenüber einem Schulhaus, wo man immer weiss, von wann bis wann welche Stunde zu halten ist. Als Lehrerin geht alles seinen Gang nach einem vorgegebenen Stundenplan. Auf einem Hof spielt es in vielen Fällen keine Rolle, ob die Bäuerin nun gewisse Alltagsarbeiten, etwa das Waschen und Wäscheaufhängen oder das Beerenlesen im Garten am Nachmittag um drei Uhr oder schon am Vormittag nach dem ersten häuslichen Kehr durch Küche und Wohnung erledigt.

Wenn mir am Vormittag eine freie Zeit bleibt, gehe ich in den Garten. Ich bin seit unserer Hochzeit ein Freiluft-Mensch geworden, der es nie allzu lange in seiner Wohnung aushält.

II

Ich bin eine Bäuerin, aber ich bin eine etwas merkwürdige Bäuerin. Seit der Übernahme des Hofes von den Schwiegereltern hatten Kurt und ich alle wichtigen Entscheidungen und die Schritte in Richtung ökologisch nachhaltiger Bewirtschaftung miteinander besprochen. Ich konnte mich von Anfang an – auch wenn es heute eher die Ausnahme und nicht die Regel ist – in der Landwirtschaft einbringen, obschon ich weder eine Kuh melken kann noch je beim Misten in den Ställen oder bei den Schweinen mitgeholfen habe. Uns scheint das nicht entscheidend zu sein. Ich sage mit gutem Gewissen, deshalb eine Bäuerin zu sein, weil ich auf dem Hof mitdenken kann. Und weil mir unser Betrieb, die Tiere, der Obstgarten, die Weiden, Matten und Getreidefelder, keinen Tag gleichgültig sind. In der Familie haben wir, wie unsere Vorfahren und die Schwiegereltern, eine traditionelle Rollenverteilung beibehalten, abgesehen vielleicht vom Donnerstag, wo Kurt in der Küche steht und meine Aufgaben übernimmt, indem er für alle kocht.

Selber wiederum brauchte ich mich noch nie um Buchhaltung zu kümmern und mich mit all den hundert Abrechnungen vertraut zu machen. So habe ich noch immer keine Ahnung von einer Steuererklärung, dem komplexen Versicherungswesen eines Bauernhofes oder von den Verhandlungen gar mit Banken, wenn eine Neuinvestition bei einem der landwirtschaftlichen Betriebszweige ansteht. Diese Bereiche sind das Metier meines Mannes geblieben.

Der erste Grundsatzentscheid kurz nach der Übernahme der Landwirtschaft, den Kurt und ich lange besprachen und gemeinsam fällten, war die Befreiung der Tiere auf unserem Hof, wie wir das mit leichter Ironie immer bezeichneten. Es war uns ein Anliegen, unsere Kühe, die bisher konventionell gehalten, also die meiste Zeit im Stall angebunden waren und kaum im Sommer zum Fressen auf die Weide durften, fortan tiergerechter nach neueren Grundsätzen zu halten.

Kurt und ich führen einen Vollweidebetrieb mit über zwanzig Milchkühen und versuchen, die Milchproduktion mit den Nutztieren in die Natur so zu integrieren, dass wir am Ende jedes Jahres mit möglichst wenig Fremdaufwand einen Ertrag erreichen können. Wir produzieren so bewusst wie möglich Lebensmittel, etwa auch auf den ausgedehnten Ökoflächen, um Landschaft und Artenvielfalt im Naturschutzgebiet zu schonen, zu pflegen und zu fördern. Auf diese Weise können wir allen, die es wissen möchten, zeigen, was eine bäuerliche Landwirtschaft als nachhaltiges System ökonomisch, ökologisch und sozial zu bieten vermag.

Mit der Neubewirtschaftung der sechs Hektaren im nahe gelegenen Moos diskutierten wir, recht ähnlich wie früher die Befreiung der Tiere, diese Erweiterung unserer Ökofläche auf 40 Prozent der insgesamt 19 Hektaren Land. Das Ziel

dabei ist, neben einem zusätzlichen Einkommen, die Artenvielfalt der Tiere und Pflanzen zu fördern. Beispielsweise
hatte mein Mann vier Tümpel von je 100 bis 300 Quadrat-
meter Fläche neu angelegt, drei Niederhecken gepflanzt und
im angrenzenden Ackerland einen breiten Streifen Wiesen-
blumen gesät. Das Wetter, das Wasser, der Boden, die Fauna
und Flora verändern sich dauernd. Es muss als extensive An-
baufläche ständig beobachtet werden und braucht, fast ähnlich wie eine Gärtnerei oder Gemüsekulturen, eine intensi-
vere Betreuung. Das wiederum bringt Farbe und Freude in
den Bauernalltag, allein schon wegen der zehn Heuschre-
cken-Arten und der Kreuzkröten, Neuntöter, Wachteln,
Wasservögel und hoffentlich bald auch wieder der Braun-
kehlchen. Für einige Landwirte wären diese zusätzliche
Ökofläche wohl bloss ein Hemmschuh, wir dagegen sehen
für unseren Betrieb eine weitere Chance, ohne sich dabei
gleich als Landschaftspfleger bezeichnen zu müssen.
Momentan stehen wir auf unserem Hof wieder in einer De-
batte. Das Experiment heisst Wollschweine. Wir prüfen verschiedene Varianten, ob man diesen Tieren auch eine Suhle
geben will oder nicht. Das heisst, ein Entscheid ist bereits
gefällt, aber noch haben wir die Frage offen, wo wir das
Pfüdderteig-Becken konkret erstellen, das nicht überall und
immer ein schöner Anblick sein wird. Bauen wir es, was mir
lieb wäre, eher weiter weg vom Haus, oder müsste die Suhle
unmittelbar beim Schweinestall zu stehen kommen? Wenn
wir dieses Tierbecken etwas entfernt vom Bauernhaus bau-
ten, würden die Tiere dann, die gern Schatten haben, später
womöglich zu lange an der prallen Sonne liegen.
Wir sind mit unserem Hof, neben einem Milchwirtschafts-
betrieb und der Nahrungsmittelproduktion, ein sogenannter
Dienstleistungsanbieter geworden und zwar in Sachen Agri-
kultur mit dem ökologischen Segment, wie auch mit einem

kulturellen Angebot in einer erweiterten Form. Dazu gehört unter anderem die über tausend Jahre alte Mühle, die unmittelbar neben unserem Bauernhof steht und die, dank der privaten Initiative des früheren Posthalters, heute sozusagen ein Asyl für kulturelles Strandgut geworden ist, durch das jeden ersten Sonntag des Monats öffentlich eine Führung veranstaltet wird. In der Atmosphäre der alten Stuben, Zimmer und des ehemaligen Mühlenkellers scheinen religiöse und magische Dinge aus mehreren Jahrhunderten, die ausgestellten Kuriositäten, Werkzeuge, technischen Altertümer und Gegenstände des alltäglichen Lebens vor den Augen unserer Besucher und Gäste weiterzuleben.

III

Als Luftmensch sind mir die Gärten und meine weiteren Bereiche um unser Bauernhaus die liebsten und angenehmsten Orte. Hauptsache, ich bin schon am Vormittag von Frühling bis Spätherbst, bevor ich für das Mittagessen in die Küche zurück muss, unter freiem Himmel.

Schon in den ersten Monaten, als ich vor zwanzig Jahren hier auf den Hof kam, überliess mir die Schwiegermutter die Hälfte ihres Gartens. Marianne war nicht bloss eine umsichtige Bäuerin, sie blieb Zeit ihres Lebens eine Gartenfrau – wenn auch auf eine andere Art, als ich es selber später geworden bin. Ich war zunächst eine Schwiegertochter, die vom grossen und vielfältigen Garten einer Bauernfamilie nichts wusste. Mir war als Lehrerin nicht bekannt, wie und wann eine Bäuerin ihr Gemüse aussät, die Zwiebeln oder die vielen verschiedenen Blumen in den Rabatten setzt. Wenn ich Kurts Mutter um einen Rat und um Hilfe bat, gab mir Marianne immer eine kompetente Antwort. Eigentlich absolvierte ich nach unserer Hochzeit, ohne dass dies je ausgesprochen wurde, richtiggehend ein Bäuerinnen- und ein Garten-Lehrjahr.

Meine Schwiegermutter hatte zu der Zeit bereits ein Bewusstsein für Ökologie und schonende Behandlung der Natur. In ihrem Garten wurde kaum je eine Pflanze oder eine Gemüsekultur gespritzt, obschon damals noch jede Bäuerin den Ehrgeiz hatte, den schönsten Blumenkohl und die grössten Karotten zu haben. Die Mutter von Kurt hatte ihre Eigenheiten, einem im Garten etwas nahezulegen oder beizubringen. Dabei hütete sie sich von Frühling bis Ende Sommer, sich in meine Gartenhälfte einzumischen. Sie schaute zu und erlaubte sich die ersten Jahre nie eine Bemerkung zu meinem Gemüse und den Blumen. Sobald es im Herbst aber dann in gewissen Gartenbeeten bei mir nichts Rechtes zu ernten gab, hatte Marianne bloss geschmunzelt und gemeint, sie hätte mir schon vor Monaten sagen können, dass aus meinen Stangenbohnen oder den Lauchsetzlingen nie etwas werden könne. Meine Schwiegermutter hatte völlig Recht. Hätte sie dies im Frühling wirklich zu mir gesagt, hätte ich es sicher nicht in gleicher Weise akzeptiert.

Der Garten ist ebenso oft eine Quelle freudiger Überraschungen, wie er mir nach einem anstrengenden Tag manchmal hilft, die Gedanken in meinem Kopf neu zu ordnen oder die angespannten Nerven wieder zu beruhigen. Das Wachsen der Pflanzen zu beobachten, stellt etwas Meditatives dar. Gartenarbeit ist hauptsächlich Freude, aber hin und wieder, das muss ich gestehen, ein Kampf gegen die Schneckenplage, vor allem dann, wenn die Erde nach einer langen Regenzeit nicht recht trocknen kann.

Heute ist Freitag. Die Zeit reicht mir, vor dem Mittagessen Kefen abzulesen. Ich bringe mit ihnen vom Garten auch Salathäuptchen mit. Wir halten aus Tradition in der Küche noch am fleischlosen Freitag fest, mit einer Salatschüssel, Knöpfli oder Omeletten. Doch keiner würde behaupten wollen, wir seien auf unserem Bauernhof fromm oder extrem katholisch. Für mich und meinen Mann wäre es kein Problem gewesen, nicht in der Kirche zu heiraten. Andererseits ist die Familie katholischen Glaubens. Meine Eltern sind religiös, und Kurts Mutter war es zeitlebens auch und besuchte jeden Sonntag die Messe. Ihr Mann dagegen, mein Schwiegervater, ging höchst selten mit. Wir liessen uns, sozusagen aus Rücksicht auf unsere Familien und Verwandtschaft, noch kirchlich trauen. In ähnlicher Weise stellte sich die gleiche Frage wieder, als wir unsere vier Kinder taufen liessen. Wir entschieden uns, und das könnte man sicher kritisieren, für den Weg des geringsten Widerstandes. Aber Kurt und ich sagten uns damals, wir sind eine Bauernfamilie, die obendrein noch in einer ländlichen katholischen Gegend zu Hause ist. Wäre unser Beschluss in Sachen Religion vor Jahren anders ausgefallen, hätte es vielleicht einmal, unabhängig von unseren Eltern und Verwandten, im Dorf oder in der Gemeinde schwierig werden können, wenn die Kinder von ihrer Schulklasse als Einzige nicht zur Erstkommunion gegangen wären. Auf dem Land sind diese Entscheide stets etwas schwieriger. Wir hatten das Gefühl, die Kinder könnten in Sache katholische Kirche und Religion als erwachsene Menschen später einmal selber bestimmen. Im Unterschied zu ihren Grosseltern sind wir heute keine praktizierenden Katholiken mehr und nur mehr schlechte Kirchengänger. Ich würde mich dennoch als einen gläubigen Menschen bezeichnen, aber bloss aus der Naturverbundenheit heraus.

IV

Es gab all die Jahre wenige Momente, wo ich wirklich mit Kurts Mutter aneinandergeraten bin oder wo meine Schwiegermutter mir sagen musste, das darf man hier nicht und das macht man so auf unserem Hof nicht. Oft waren es eher profanere Sachen, etwa als ich hinter dem Haus Windeln und Leintücher am Sonntag an die Wäscheleine hängte. Da klingelte, noch bis vor fünfzehn Jahren, das Telefon und die eine und andere Nachbarin aus dem Dorf beschwerte sich bei ihr: Deine Schwiegertochter! Am Sonntag Wäsche aufhängen – soweit sind wir hier noch nicht.

Ein einziges Mal hatten Kurt und ich eine wirklich ernsthafte Konfrontation, als wir beide Marianne die vierte Schwangerschaft mitteilten. Ihr Gesicht verfinsterte sich, wie ich es noch nie gesehen hatte, und es wollte bei ihr, der Grossmutter, so gar kein Glücksgefühl oder auch nur ein kleines Anzeichen von Freude aufkommen. Dann, nach einer Weile der Betroffenheit, brachte meine Schwiegermama bloss den Satz hervor: Jesses, in dieser Zeit ein viertes Kind…

Wir versuchten sie zu beruhigen, und Kurt antwortete seiner Mutter, nichts sei doch anders als bei den ersten drei Kindern und nicht viel sei auf dem Hof eine Generation später anders geworden als zu ihrer Zeit, als sie sich selber damals auch für mehrere Kinder entschieden hätten. Doch diesen Vergleich mit der Zeit vor dreissig und vierzig Jahren empörte Marianne, und sie gab uns nur kurz die Antwort: Heute hat man zwei Kinder. Ich denke, Kurts Mutter hatte da grosse Sorgen um uns, den Hof und ihren Sohn, auf den sie immer stolz war. Es waren berechtigte Zukunftsängste um eine Bauernfamilie in der heutigen Zeit und in dem politischen Umfeld und weniger ihr Gefühl, ich sei mit einer grösseren Kinderschar dann überfordert oder sei, als ihre Nachfolgerin, meiner Verantwortung auf dem Hof vielleicht einmal nicht gewachsen.

Ich bin in meinen Grundsätzen ein Mensch, der sich der Tradition auf dem Hof meiner Schwiegereltern wie auch der Vorfahren und der Familie meiner Eltern gegenüber verpflichtet fühlt. Meine Einstellung hat mit Respekt vor der Natur zu tun und dass ich mich hier als Nachfolgerin von Marianne stets auch als einen Teil des Ganzen sehe. Meine Schwiegermutter war aber all die Jahre, im Unterschied zu mir, mehr eine Dienende, und sie konnte in ihrer Rolle auf dem Bauernhof beinahe bis zur Selbstaufopferung Erfüllung finden.

V

Auf einem Bauernhof hat man im Alltag eine familienfreundliche Struktur, bei der die Kinder die meiste Zeit in der Nähe ihres Vaters aufwachsen. Ich selber habe als Bäuerin und Mutter von vier Kindern die Erfahrung gewonnen, es gebe für eine Jugendzeit nichts Schöneres als eine ländliche Umgebung, wie sie nur ein Bauernhof bieten kann. Die meisten anderen Berufe kennen die Frau beinahe nur als eine alleinerziehende Mutter, wo ein Kind seinen Papa meistens kurz am Abend sieht und ihn bestenfalls am Wochenende und in den Ferien mal für sich hat. In vielen Fällen, die ich aus meinem Bekanntenkreis kenne, haben die Väter zudem eine gesellschaftliche Verpflichtung oder leisten sich in der Freizeit ein Hobby, das ihrer Familie die wenigen gemeinsamen Stunden noch zusätzlich einschränkt. Aber nicht für alle Menschen in den Städten oder hier auf dem Land, die in den Miet- oder Eigentumswohnungen der Grossüberbauungen leben, scheint das Familienleben auf einem Bauernhof erstrebenswert zu sein. Ich höre von Seiten meiner Angehörigen hin und wieder dazu kritische Untertöne mit Fragezeichen, wenn die eine Schwägerin mich etwa unter vier Augen mal fragt, ob ich hier nicht diese Annehmlichkeit und jene Sport- oder Kulturveranstaltung vermisse, zumal ich mit einer Ausbildung als Lehrerin ja bloss noch Hausfrau sei? Meine Schwägerin kann meinem Leben als Bäuerin anscheinend wenig abgewinnen.

Fallobst

Wir haben noch einige Obstbäume. Sie sind schön für das Landschaftsbild, und wir haben es gern, wenn um unser Bauernhaus oder übers eigene Land verstreut ein paar Bäume stehen. Mein Mann und ich sprachen mit den Kindern und meinen Eltern, die auch auf dem Hof leben, von Zeit zu Zeit über die Zukunft der Bäume in unserem Obstgarten und stellten die Frage, ob da wirklich noch all die vielen Apfelbäume stehen sollten. Meistens liessen wir dann alles beim Alten. Es ging um die Zeit im Herbst, wo man statt Obst zu ernten gern einmal bei guter Fernsicht eine Bergwanderung unternehmen wollte. Das bedeutete aber jeweils, die Früchte, die während unserer Abwesenheit von den Äpfel- und Birnenbäumen fielen, im Gras liegen zu lassen. Doch dieses Fallobst am Boden liegen zu lassen oder einfach zu verdrängen, während man in einem Chalet fernab vom Hof ein paar Ferientage geniessen konnte, entsprach weder unserer Einstellung zu den Früchten aus dem Obstgarten noch der Haltung unserer Familie und Vorfahren. Vor allem widersprach es zutiefst unserer Erziehung wie auch – selbst als Verfechter einer modernen Landwirtschaft – der bisherigen Auffassung des Bäuerlichen. Also können wir, so der Entscheid, nicht Obstbäume noch auf unserem Hof stehen haben, aber die Äpfel und Birnen im Herbst im Gras faulen lassen. Das geht, denke ich, mit gutem Grund auch für die Mehrzahl der Bäuerinnen und Bauern nicht. Man hat Respekt vor den Früchten und vor all dem, was auf einem Bauernhof wächst und gedeiht. Wenn ich auf einem anderen Hof sehe, wie das Obst unter den Bäumen liegen bleibt, denke ich zunächst einmal, schau dir dies an. Hier sind die Bauersleute endlich mal etwas freier und wohl auch emanzipierter als du. Das ist dann erst einmal ein spontaner Gedanke, und im ersten Moment kommt in mir – wenns vielleicht nicht ganz das richtige Wort ist – Bewunderung auf. In Wirklichkeit aber könnte ich mir denken, haben die Leute so viele andere Arbeiten zu erledigen, dass ihnen für die Früchte am Boden schlicht und einfach die Zeit fehlt.

Der Blick in die Obstgärten im Spätherbst ist für mich oft mit einer gewissen Trauer verbunden statt über Gefühle hinwegzugehen und sich einfach nur zu denken: Es rentiert sich hier nicht, so prächtig und saftig die Äpfel von diesem oder jenem Baum und mit einem so unverwechselbaren Geschmack einer alten Sorte auch sein mögen. Gleichzeitig meldet sich in einem doch eine andere Seite zu Wort, und die wiederum empört sich – wohl als ein letztes Relikt unserer Vorfahren und Mahnung gegenüber einer produzierenden Landwirtschaft – beim Anblick eines prächtigen Apfels, der in der Nähe des Baumstamms vor sich hin fault. Wie können Bauern etwas so Schönes verderben lassen! Aber das ist wohl die Krux einer jeder Bäuerin, eines jeden Bauern: Wir wären bestimmt freier, wenn uns der Früchtesegen gleichgültig wäre, sodass man ganz vernünftig zu sich sagen könnte: Wenn ein paar Äpfel oder Birnen unter dem einen oder anderen Baum faulen, gibt es dort wieder Humus. Die gehen ja alle zurück und werden Natur, oder ein Fuchs kommt nachts aus dem nahen Wald und holt sich die eine oder andere Frucht aus dem Obstgarten.

In früheren Jahren wurden hier fast die ganzen Obsterträge zu Süssmost vermostet. Einen Teil der Früchte verwerten wir im Herbst noch immer zu Most, und ein Karton zu fünf Liter kann für Freunde, Verwandte und Leute, denen wir eine

Kleinigkeit schulden, stets ein schönes Geschenk oder ein kleines Dankeschön sein. Auf diese Weise dienen uns die Äpfel und die Birnen für den Eigenverbrauch, mal abgesehen davon, dass sich der Geschmack unseres Mostes, ob süss oder sauer, im kleinen Kreis herumgesprochen hat. Was nichts daran ändert, dass der Arbeitsaufwand insgesamt beträchtlich ist, mit dem Schneiden der Bäume, dem Veredeln und der Pflege all der Kirschen-, Zwetschgen-, Birnen- und Apfelbäume bis zur Ernte ihrer Früchte.

Wir haben auf unserem Hof tatsächlich schon hie und da einen Obstbaum gefällt, konnten uns aber mit meinen Eltern und den Kindern nie über die verbleibende Anzahl in unserem Obstgarten einig werden. Mein Mann und ich vertraten in Diskussionen zwar oft die Meinung, weniger Bäume wären für uns heute von Vorteil. Doch das bringt nur meinen Zwiespalt zum Ausdruck, denn ich könnte mir nie eine Landschaft ohne Obstbäume vorstellen.

Brüsselerfrauen

Auf einmal, wie angeworfen und ganz plötzlich, war mein Herzenswunsch wieder da. Es ist in mir die Sehnsucht oder eine Art «Heimweh» wie damals, als ich mit sechzehn Jahren konfirmiert wurde und das Schulhaus verlassen habe. Eigentlich weiss ich gar nicht, wie man diesem Empfinden sagen könnte oder wie mein Gefühl zu beschreiben wäre. Vielleicht am besten als eine Art «Gemüse-Weh» oder die Lust nach Garten und Gärtnerei, die sich beinahe über Nacht und nach so vielen Jahren wieder zurückgemeldet hat.

Es ist die Wahrheit, selbst wenn es sich schier unglaublich anhört: Die Gedanken an jenen Gärtnerberuf, den ich als junge Frau, die auf dem Bauernhof aufgewachsen ist und den ich nie habe lernen dürfen, sind für mich als Bäuerin heute noch viel belastender als vor dreissig Jahren. Sie sind in der Tat unangenehm und schmerzen mich mehr als in meinen jungen Jahren.

Wie sich auch bei uns in den letzten Jahren alles verändert hat: In den Dörfern, auf den Höfen und in den Köpfen der Menschen. Früher waren wir alle, Bäuerinnen und Bauern, der festen Überzeugung, die Rolle einer Bäuerin dürfe und könne nur das Zuhause sein. Als Stütze ihres Mannes, als Mutter und Hausfrau, und, vor allem, das müsse wie zu den Zeiten unserer Grossmütter und Vorfahren ein ganzes Leben lang so bleiben. Doch, nach meinen Erfahrungen der letzten Monate, als ich bei einem grossen Gemüsepflanzer im Nachbardorf Essertines im Stundenlohn auswärts gearbeitet habe, erscheint mir heute diese traditionelle Art und Auffassung nicht mehr sehr zeitgemäss zu sein. Die Rolle von damals ist, aus meiner Sicht heute, sogar ein ziemlicher Irrtum. Dabei hätte ich es mir früher auch nicht vorstellen können. Aber ich sehe mit einem Mal, dass man ja auf einem Bauernhof, auch im eigenen Haushalt, gar nicht jederzeit an seinem Herd stehen muss und fast wie ein Tier angebunden zu sein braucht.

Die Frau eines Bauern braucht es in unserer Zeit, allein schon wegen der Maschinen und Mechanisierung, nicht mehr immer auf dem Feld oder im Stall, und schon gar nicht ständig als Hausfrau. Gewiss, es gibt schon noch Wochen, in den Sommermonaten etwa, wenn die Ernte der Runkelrüben und Zuckerrüben ansteht oder wenn Heu und Emd einzubringen sind, ginge es nicht, machten auswärtige Arbeiten oder eine Aushilfe im Nachbardorf wenig Sinn.

Gut. Aber durch die langen Wintermonate geben sie mir eine wertvolle Abwechslung, die ich heute auf keinen Fall mehr missen möchte. Da sie mir gegen Langeweile und Trübsinn helfen, ja, manches Mal verscheuchen sie mir sogar die eine und andere moralische Verstimmung und tun mir gut.

Mit dem Brüsseler ist mir der Traum meines Lebens jetzt endlich in Erfüllung gegangen. Oh! ist das verrückt. Rundum. Wie gern gehe ich als Bäuerin doch nach Essertines zum Gemüsepflanzer, einem Maraîcher, da es mir so gut tut. Einfach für die Moral und für mein Wohlbefinden. Vor allem deshalb auch, weil ich mal jemandem helfen kann. Ich kann und ich darf jederzeit bei der Brüsseler-Ernte einspringen, wenn bei ihm die eine oder andere Person verhindert ist oder plötzlich gar für einige Zeit ausfällt.

Das Ernten von Salat, dem Brüsseler, ist eine ausgesprochene Saisonarbeit. Im Moment ist Winterzeit und natürlich wieder nichts zum Mithelfen. Sobald die Zapfen alle geerntet sind und der Pflanzer dieses zartgrünen Gemüses auf seinem Betrieb keine Wurzeln mehr in der Erde hat, ist dann für uns Frauen die Arbeit zu Ende. Bis zum Frühsommer in einem Jahr. Und ich bleibe wieder beim Meister auf unserem Hof hier, wo es einige Sachen in meinen Haushalt zum Nacharbeiten gibt. Die Wohnstube, das Schlafzimmer, die grosse Küche, ja, eigentlich unsere ganze Wohnung muss dann einmal mit dem Staubsauber gründlich wieder geputzt werden, oder die Wäsche ist daheim liegen geblieben, und ich habe da und dort ein Loch in den Socken zu stopfen, Knöpfe anzunähen oder nach der Wäsche etwa eine Gardine oder ein Tischtuch zu flicken.

Ich wollte Bäuerin werden. Eigentlich schon. Allein auch deshalb, weil meine Eltern Bauer und Bäuerin waren. Meine Grosseltern mütterlicher wie väterlicher Seite waren Bauern. Und so wurde ich halt auch Bäuerin und bin es immer noch.
Man hatte den eigenen Hof und hatte da all seine vielen Aufgaben und Arbeiten. Also bleibt man bei dem, was man kennt, und bleibt bei dem, was man hat. Bei der Landwirtschaft. Das hat Bestand. Man hat geheiratet, und so bin ich durch meinen Mann, als Tochter einer Bauernfamilie, wiederum auch auf einem Bauernhof und beim Bauern geblieben.
Wozu ich mich vor gut zwanzig und dreissig Jahren beruflich entschieden habe, war das Normale. So gesehen war es naheliegend, eigentlich vollständig natürlich. Ich habe mich darein geschickt, als ich nach den neun Jahren aus der Schule kam und konfirmiert wurde, obwohl ich damals so gern diese Lehre in einer Gärtnerei gemacht hätte. Mein Vater und meine Mutter waren vollkommen dagegen. Es hat zu Hause geheissen: Wir sind Bauern. Wir machen Landwirtschaft.

Das kannst du ja wohl auch. Das ist auch ein rechter Beruf, und ist gut genug für dich. Und später einmal, wenn du geheiratet hast, wirst du als Bäuerin bestimmt von deinem Mann einen Gemüsegarten erhalten. Und dann kannst du, so oder so, immer auch einen eigenen Garten mit Beeten, Gemüse und vielen Blumen machen und pflegen und du wirst, wann immer es euer Betrieb und deine Kinder erlauben, in deinem schönen Garten sein.

So vernünftig haben meine Eltern zu mir gesprochen, als ich sechzehn Jahre alt war. Und wäre selber damals so unvernünftig gern eine richtige Gärtnerin geworden.

Es war zum Verrücktwerden für mich, jedenfalls beinahe. Doch, was solls? Ich weiss selber am besten, im Jahr neunzehnhundertfünfzig war es für ein kleines Bauernmädchen oder die Töchter und jungen Frauen der Freiburger oder Berner Bauernfamilien nicht Brauch, einen anderen Beruf zu erlernen. Landauf und landab kannte mans, mit wenigen Ausnahmen, noch nicht. So musste zu der Zeit eine Familie wirklich nichts mehr zu verlieren haben, oder die Tochter stammte aus einer städtischen Arbeiter- oder Angestelltenfamilie, dass man sie einen fremden Beruf erlernen liess.

Die meisten Bauerntöchter in der Deutschschweiz gingen, wie ich dann auch, nach der Schule ein Jahr ins Welschland und haben vielleicht anschliessend im besten Fall noch eine Haushaltsschule absolviert.

Erst fünf oder zehn Jahre später fing es dann auch bei den Bauern an, dass die jungen Frauen eine Berufslehre machen konnten, etwas, das heute längst selbstverständlich geworden ist und als absolut normal gilt. Natürlich wollten unsere drei Töchter mit sechzehn, siebzehn Jahren eine Lehrstelle suchen, um auswärts dann eine Berufsausbildung zu machen, die interessant war und ihnen und ihren Fähigkeiten entsprach.

Marguerite, die Ältere, absolvierte in der Nähe von Lausanne bei einem Planungsbüro eine Bürolehre. Die mittlere Tochter, Léonie, lernte Fremdsprachen und kam bald schon nach Genf, wo sie bei der UNO und internationalen Organisationen als Dolmetscherin, Übersetzerin oder als Stadtführerin und rechte Hand der Leitung tätig ist. Und unsere Jüngste, Anne-Catherine, wählte den Pflegeberuf. Sie kam nach Basel, war längere Zeit im Kantonsspital angestellt, dann ging es weiter nach Aarau, München und Lyon. Schliesslich spezialisierte sich Anne-Catherine an der «Maternitée» in Neuchâtel, wo sie ihren Mann kennenlernte und auch jetzt noch Krankenschwester für Frühgeburten, Säuglinge und Kleinkinder ist.

Ja, heutzutage werden die allermeisten Kinder, ob Mädchen oder Jungen, die auf einem Bauernhof geboren werden und aufwachsen, beruflich all das, was sie gerne werden möchten. Und weder ein Sohn noch ein Mädchen schaut auf den Beruf und den Hof der Eltern oder fühlt sich der Landwirtschaft und der Familientradition verpflichtet.

Nach dem einen Jahr im Welschland kehrte ich zu meinen Eltern und nach Hause in den Kanton Fribourg zurück, und man hat wieder mitgeholfen. Man brauchte auf einem Bauernhof zu der Zeit noch viele Leute. Wir waren für all die Arbeiten in Feld und Stall bei den Erwachsenen zwei Männer und zwei Frauen, dazu kamen die eigenen Kinder. Sechs bis zehn Personen waren auf einem Hof damals das Minimum.

Und mir gefielen die Arbeiten, die Abwechslung, die Vielfältigkeit auf dem elterlichen Betrieb, vor allem auch immer die Handarbeit auf den Feldern, das Schaben der Runkel- und Zuckerrüben. Die Kartoffelernte im Herbst, das Auflesen der Erdäpfel von Hand. All diese leichteren Arbeiten sagten mir immer mehr zu als mit den schweren Heufuhren, den Stroh-ballen oder, wenn ich, was oft geschah, auf einem der schwe-ren Traktoren und den Riesenmaschinen während der Ge-treideernte mitfahren musste.

Als ich noch bei meinen Eltern daheim gewohnt und auf ih-rem Hof mitgearbeitet hatte, erlaubte man mir meistens, in den paar Wintermonaten eine Stelle anzunehmen. Das hiess bloss, zu anderen Bauernfamilien mal hierhin und mal dort-hin, etwa auf Bauernbetriebe unserer Verwandten ins Ber-nerland als Aushilfe oder Betreuung der Kinder, wenn die Bäuerin im Wochenbett war. Einmal Ende September und Anfang Oktober durfte ich sogar, als ich noch ledig war, zu einer Winzerfamilie am Lac Léman zur Weinlese. Das waren anstrengende, aber wunderbar fröhliche Arbeitstage, zwei oder drei Wochen der Abwechslung.

Nach diesem Herbst hoch über dem Genfersee haben der Meister und ich – ihn lernte ich schon mit siebzehn während des Welschlandjahres kennen – geheiratet, und wir haben unsere Familie gegründet.

Und wieder Jahre später, als wir von den Schwiegereltern ihren Hof und das Bauernhaus hier übernehmen konnten, hatte ich als Bäuerin, mit Haushalt, Familie und mit unserem Bauernbetrieb mehr als genug Arbeit. Die drei Kinder wuch-sen hier auf und besuchten in unserem Dorf die Schule. Un-ser «Dreimädelhaus» hatte ich damals, neben dem Haushalt und der Mithilfe im Betrieb mehr oder weniger allein zu beaufsichtigen und beim Eintritt in die Schule und bei ihren Schulaufgaben zu betreuen.

Jetzt, wo unsere drei Töchter ihre Schulzeit längst hinter sich und abgeschlossen haben, wo sie bereits alle selbständig sind und teils eigene Familien haben, konnte ich nun in Esserti-nes, unserem Nachbardorf – auch wenn es der Meister nicht so gerne sieht – für mich Kontakte knüpfen. Und dies eben unabhängig von all meinen bisherigen Aufgaben, von unserem Dorf und unserem Landwirtschaftsbetrieb hier.

Diese Begegnungen im Nachbardorf sind für mich eine ganz ungewöhnliche Erfahrung mit den aufgeschlossenen Frauen und der Saisonarbeit beim Maraîcher. Es ist wie eine neue Welt, wenn wir uns, die anderen Frauen und ich, während der Brüsseler-Erntesaison bei der Familie und den Eltern des jungen Gemüsepflanzers einfinden. Nachmittag für Nachmittag in ihrem umgebauten Bauernhaus in Essertines, wie Salate und zartgrüne Brüsseler-Zapfen oder Brüsseler-Knospen im grossen Stil geerntet, geputzt und die Salate zugerichtet werden, und wo wir Frauen die Ware verpacken und für den Verkauf bei den Lebensmittel-Grossverteilern im ganzen Land in Kistchen aus Karton legen.

Unser Gemüsepflanzer sagte beim Abschied unlängst, er sei bereits wieder neu am Planen und er werde auch in Zukunft noch grossflächiger anbauen, doch nur noch einzelne wenige Produkte aussäen. In seinem ersten Jahr waren es, glaube ich, zwei oder drei verschiedene Sorten Kopfsalat, und im kommenden Winter wird es wahrscheinlich eine noch grössere Fläche mit Brüsseler sein.

Ist das für mich eine Freude! Wenn ich jetzt schon wieder seine immensen Felder mit Salaten oder einem anderen Gemüse vor mir sehe. Ich wünschte mir nichts sehnlicher, als auch so einen riesigen, fast unendlichen Gemüsegarten auf unserem Land zu haben. Selber, bei uns, beim Meister und mir. Wie gern möchte ich hier auch, wie im Nachbardorf Essertines, einmal ganze Felder mit Salatsetzlingen vor mir sehen. Doch leider – das ist nun einmal so und wird auf unserem Hof so bleiben – will mein Meisterlandwirt von Gemüseanbau oder einem anderen Versuch rein gar nichts wissen. Darüber haben wir uns oft gestritten. Mein Mann kennt nur Weizen, Weizen und immer wieder Weizen. Er sagt, er möchte wie schon immer Getreide anbauen, da habe man die besten Erträge. Und zur Abwechslung mache man ja, wo der Anbau von Kartoffeln nun auch schon weggefallen sei, noch mehr Mais und Zuckerrüben.

Der Maraîcher hat uns beide neulich gefragt, ob wir ihm nicht Wurzeln für den Brüsseler pflanzen möchten. Man muss sie im Sommer aussäen. Und im Herbst werden die Pflanzen mit einer Maschine ausgegraben und in Kisten eingesetzt. Daraus entsteht dann erst Salat. Man stelle sich das vor: Wir, der Meister und ich, hätten uns am Anbau von Brüsseler und beim Erfolg in Essertines gar mit beteiligen können. Mit einem eigenen Feld sogar...

Der Meister wollte nicht. Mein Mann wird nie Gemüse anbauen. Und dies nicht bloss, weil er einige Weizensäcke weniger zum Getreidesilo der Landwirtschaftlichen Genossenschaft fahren könnte. Es ist fast wieder wie zu den Zeiten meines Schwiegervaters hier, als keiner der Bauern mit einem andern ein teures Gerät oder eine landwirtschaftliche Maschine gemeinsam anschaffen konnte. Meine Vorschläge sind für ihn dermassen fremd und ungewohnt, dass er diese beim besten Willen nicht annehmen kann und sich nicht damit auseinandersetzen will – noch nicht, vielleicht.

Der Meister meint immer, für dies und jenes würde sich unser Betrieb gerade nicht eignen. Auf dem Hofplatz könnte das und das unmöglich gehen, das Bauernhaus selber verunmögliche uns manches. Die Böden, die Felder, das Klima, die Lage passte erst recht nicht. Enfin! In Tat und Wahrheit ist es nur der Meister selber, sein Kopf, seine Haltung, seine Gewohnheiten, seine Einstellung, die nicht wollen und nicht können.

Da genügt es nicht einmal zu sagen, eine Alternative, gewisse Nischenprodukte oder der Anbau von Gemüse könnte uns am Ende des Jahres sogar mehr Geld einbringen. Er hat lieber seinen ewigen Weizen wie vor fünfzig und mehr Jahren. Der Meister denkt noch wie eh und je und ist leider in vielen Dingen, so mein Eindruck, wenig beweglich. Der Meister ist nicht wie ich angesteckt von diesem Fieber, und es ist ihm halt kein Herzenswunsch. Hie und da finde ich das schade. Zumal mir mit dem eigenen Anbau von Brüsseler, wie er weiss, erst noch ein lange gehegter Wunschtraum in Erfüllung gegangen wäre.

Liebe, Leid und Landwirtschaft

I

Ich weiss noch heute, wann und wo genau die Entscheidung fiel, drei Wochen vor der Hochzeit die Verlobung aufzulösen und Christian zu verlassen. Obschon mein Verhalten für seine Eltern und die Bauernfamilie, ja, für unsere ganze Umgebung als gänzlich unerwartet erscheinen musste, kam der Entschluss für mich keineswegs aus heiterem Himmel. Er zeichnete sich vielmehr während der Ausbildung zur Bäuerin, Woche um Woche, immer deutlicher ab. Ich befand mich in einer Zwangslage und konnte nicht mehr die fröhliche und positiv eingestellte Person sein, als die man mich eigentlich, wie ich glaube, stets wahrgenommen hatte. Mein damaliges Unbehagen wurde durch viele Gespräche mit anderen angehenden Bäuerinnen, den Kolleginnen in unserer Klasse, ausgelöst. Der Entschluss, aus einer festen Beziehung wieder auszusteigen, obschon ich den Bauernsohn Christian über alles geliebt habe, beschleunigte sich mehr und mehr durch ganz bestimmte Beobachtungen auf der Bäuerinnen-Schule, als wir Montag für Montag im Klassenverband mit unseren Lehrern die verschiedensten Bauernhöfe besuchten. Das ungute Gefühl steigerte sich während der Abschlussarbeiten und am Ende der Bäuerinnen-Schule dann noch, je näher die Vorbereitungen zu unserer Diplomfeier und mein Hochzeitstermin kamen. Während dieser Zeit versuchte man mich, offenbar weil mein passives Verhalten und hin und wieder meine gedankliche Abwesenheit auffielen, unter Druck zu setzen. Es war gewiss ein sanfter Druck, den Christians Familie und meine Eltern auszuüben versuchten, je näher aber die Abschlussfeier unserer Ausbildung rückte, umso mehr erhöhten sie ihn. Gleichzeitig wurde er von mir selber, und zwar aus meinem Innersten heraus, zusätzlich und unbewusst noch so verstärkt, dass ich mich nur noch von allen Seiten bedroht fühlte.

Ich hatte einen kräftigen, interessanten Mann kennengelernt, der auf einem Bauernhof aufgewachsen ist und schon zu Beginn unserer Bekanntschaft wusste, dass er als Landwirt, wegen der angeschlagenen Gesundheit seines Vaters, bald den Betrieb würde übernehmen und weiterführen können. Christian und ich waren schon drei oder vier Jahre zusammen, als wir uns verlobt haben, und ich wusste es aus voller Überzeugung: Sollten wir, mein Freund und ich, zusammenbleiben und eine Familie gründen, dann werde ich Bäuerin.

In der ersten Zeit unserer Bekanntschaft hatte ich zunächst noch keine genaue Vorstellung dieser Rolle, weder von der Aufgabe der Frau des Bauern, noch von ihrer, oder nun eben meiner, Rolle auf einem Bauernhof. Ich kannte zwar Bauernfamilien aus nächster Nähe und von kürzeren und längeren Landdiensten und Ferienaufenthalten auf dem Land auf verschiedenen Höfen. Aber als ich mich mit Christian auf Wunsch seiner Eltern verlobt hatte, war ich mir weder über den Umfang meiner Verpflichtung bewusst, die ich mit diesem Schritt eingegangen war, noch hatte ich eine genaue Vorstellung, wie sein elterlicher Hof in Zukunft zu führen sei.

Christian konnte einen der schönen Mittelland-Höfe in bester und fruchtbarster Lage weiterführen. Das Bauernhaus ist ein Riegelbau aus der Mitte des neunzehnten Jahrhunderts und wurde mehrmals renoviert, das Ökonomiegebäude stark erweitert und die Ställe nach neuesten Erkenntnissen der

Tierhaltung umgebaut. Er war als Jungbauer zwei oder drei Jahre älter als ich, bewirtschaftete den häuslichen Hof schon in eigener Verantwortung, obschon er noch seinen Eltern gehörte und diese, zusammen mit seinen Brüdern und der Schwester, nach aussen hin den Familienbetrieb führten. Es war also immer noch ihr Betrieb, und genau das erwies sich schon bald als Problem. Wobei ich gleich hinzufügen muss, es war stets «mein Problem». Seine Familie und er selber sahen die neue Konstellation auf ihrem Hof nie von einem anderen Standpunkt aus.

Ich wurde auch nach unserer grossen Verlobungsfeier oder, um es zeitlich noch genauer festzulegen, vom ersten Tag und Beginn unserer Bekanntschaft und unserer Beziehung nicht wirklich als Schwiegertochter und zukünftige Bäuerin akzeptiert. Weder von Christians Eltern noch von seinen Geschwistern. Dabei waren seine Familie mit allen zugewandten Orten liebenswerte Bauersleute. Die Eltern hatten aber in allen Dingen noch das Sagen, im Frühling beim Säen und Anbauen ebenso wie im Herbst beim Ernten. Ein jeder Entscheid in der Viehzucht wurde meinem Zukünftigen noch immer vorgegeben, um nicht zu sagen, diktiert. Mich wunderte dies mehr und mehr, doch darüber war mit niemandem, auch nicht mit Christian, zu reden. So kam in mir nach und nach ein Gefühl von Bevormundung und von Abhängigkeit auf, ich sei bloss als Freundin ihres Sohnes in dieser Bauernfamilie geduldet, mehr nicht. Mit der Zeit kam ich mir vor wie einer ihrer Knechte oder Mägde aus der Hofchronik vergangener Jahrhunderte. Und alsbald empfand ich mich selber auf ihrem Hof nur mehr als eine zusätzliche Arbeitskraft auf ihrem traditionellen und gut geführten Betrieb.

II

Ich war damals nicht viel älter als zwanzig Jahre. Ich lernte
Christian kennen, und es ging in der Tat nicht sehr lange, da
hat er schon mit mir im Stöckli neben dem Bauernhaus zu-
sammengelebt. Wir liebten uns sehr, und wir waren uns bald
übers Heiraten einig. Auch bereits über unsere Hochzeit, und
eigentlich wollten wir beide, Christian und ich, schon Kinder
planen.

Doch kaum war ich in der leerstehenden Wohnung im
Stöckli mit meinen Siebensachen eingezogen und habe nun
als Frau oder Freundin des Jungbauern auf ihrem Hof gelebt,
bedrängten uns seine Geschwister und seine Eltern, und
bald hiess es von Seiten seiner Familie: Entscheidet euch!
Das hiess für mich und meinen Liebsten: Jetzt wird geheiratet. Unverzüglich. Und es hiess vor allem: Man hat durch
eine Hochzeit gleichzeitig auch diese Bauernfamilie und
ihren Hof und die feste Tischordnung und die von ihnen
vorbestimmte Rolle angenommen. Ich bin mit all dem einverstanden.

Kein Mensch stellt sich das vor, wie es unter einem Bauern-
hausdach auch heute noch zu und her gehen kann, ders nicht
selber erlebt hat. Wie alles und jedes zum Beispiel seine Ordnung hat. Jeder und jedes hat seinen oder ihren festen Platz.
Anfänglich war dies, der feste Platz eines Menschen, für mich
lediglich ein Bild. Bald verfestigte es sich nicht nur in mir,
sondern wurde mehr und mehr nach aussen sichtbar, etwa bei
den Mahlzeiten durch die Tischordnung. Ein Familienmit-
glied hatte am Tisch in der Küche seinen festen Platz – ausser
mir natürlich. Wenn nun aber ein Besuch auf ihren Hof kam,
der mit uns gegessen hat, war ich die einzige Person, die
ihren Platz zu verlassen hatte. Ich musste meinen Platz immer
dem anderen Gast überlassen. Alle andern der Familie blie-

ben – auch bildlich gesprochen – auf ihrem angestammten Platz sitzen. Auf diese Art und Weise ist es mir bei meinem Verlobten zu Hause mit allem und jedem ergangen: Ich musste stets zur Seite rutschen und hatte meinen Platz bei Bedarf freizugeben.

III

Aus Liebe zu Christian absolvierte ich eine Ausbildung zur Bäuerin. Ich informierte mich zu jener Zeit über die Bäuerinnen-Schulen und bewarb mich darauf im Winterhalbjahr um einen der Ausbildungsplätze. Auf einmal war ich mit fünfundzwanzig jungen Frauen in einem Klassenzimmer beisammen, und es war an dieser bekannten Ausbildungsstätte für angehende Bäuerinnen nicht uninteressant, dass praktisch ausnahmslos alle, ganz ähnlich wie ich, eine Bekanntschaft mit Bauernsöhnen und jungen Bauernburschen hatten. Wir hatten in der Klasse schon auch ein paar Mädchen aus der Stadt wie auch ein, zwei junge Frauen vom Land, die insgeheim noch hofften, während des Ausbildungskurses auf dieser Schule vielleicht doch noch einen Bauern kennenzulernen. Dann hatten wir in unserem Jahrgang auch Frauen, die vielleicht zu Hause den Hof weiterführen wollten und deren Eltern die Besitzer von grossen Betrieben waren. Nahezu alle Absolventinnen wollten Bäuerin werden. Die meisten Kolleginnen waren wie ich in einer festen Beziehung und versuchten sich noch kurz vor der Hochzeit das nötige Rüstzeug zu holen. Wir alle haben uns gegenseitig denn auch als «angehende Bäuerinnen» oder als «zukünftige Frau eines Bauern» bezeichnet. Sehr gut kann ich mich daran erinnern, wie nach einem Monat an der Pinwand mindestens schon zehn kleine Kärtchen mit je einer Verlobung im kommenden

Frühling oder der Ankündigung einer Hochzeit hingen. Das ist an jeder Bäuerinnen-Schule üblich und war auch bei uns fünfundzwanzig jungen Frauen der Fall. Man wollte, sollte oder konnte diese Ausbildung, die sich mehr oder weniger mit dem Führen eines Haushaltes auf einem Bauernhof befasste, vor der grossen Hochzeit absolvieren.

Jeweils am Montag gegen Abend wurde uns, je nach Herkunft meiner Mitschülerinnen, sehr unterschiedliche Bauernhöfe vorgestellt. Grosse, rationell geführte landwirtschaftliche Talbetriebe ebenso wie kleinere Höfe im Hügelland, ferner dann Bergbetriebe, wo die meisten Arbeiten noch von Hand erledigt werden. So habe vor allem ich, die ich in der Stadt aufgewachsen bin, während dieser Winterszeit an vielen Orten einen kurzen Einblicke erhalten, Dinge gesehen und erfahren, die ich vorher weder gekannt, noch seither je wieder gesehen habe. Diese fast fünfundzwanzig Montagsbesuche auf verschiedenen Höfen bekamen für mich eine grosse Bedeutung, und sie unterstützten mich in meiner Entscheidung, die Hochzeit mit Christian platzen zu lassen. So gesehen, wurden es für mich wirklich siebzehn wichtige Wochen, von denen ich keinen Tag in meinem Leben missen möchte.

So absolvierten wir fünfundzwanzig angehenden Bäuerinnen einen Winter lang gemeinsam diese Schule, und anschliessend wurde – jedenfalls an den meisten Orten – ordentlich Hochzeit gehalten. Meine Zimmerkollegin hiess Sonja. Mit dieser vorerst unmöglichen Person bei der Zimmerverteilung am ersten Tag ergaben sich aber dann gute Gespräche, und bald hatten wir eine enge Beziehung. Zum Beispiel hatte Sonja, die als ersten Beruf Gärtnerin gelernt hatte und eine Zeitlang dann als Floristin gearbeitet hatte, mir viel von ihrer zukünftigen Situation als Bäuerin erzählt und wie es auf ihrem Hof dann einmal sein werde. Eines Tages erklärte sie mir auch, nie, nie im Leben werde sie auf den Betrieb ihres Zukünftigen ziehen oder gar dort wohnen, jedenfalls so lange nicht, als eine Schwiegermutter dort im Haus noch regieren würde. Gleichzeitig hatte sie mich – ich glaube, es war in einer Pause zwischen zwei Kaffees – eindringlich vor diesem Schritt, auf den Hof von Christian zu ziehen, gewarnt. Und wie sie stets betonte, sie hätte gar nie das Bedürfnis – Liebe zu ihrem Freund hin oder her – auf dessen Betrieb zu ziehen, schon gar nicht unter das gleiche Dach mit ihrer zukünftigen Schwiegermutter. Ihre Schilderung war für mich relativ drastisch. Mir schien Sonja aber in ihrer Art konsequent zu sein. Natürlich verstand ich sie mit der Zeit ein wenig, aber ihre Haltung konnte ich nicht verstehen. Noch nicht. Denn für mich waren Eltern und ältere Menschen Vorbilder, auch Christians Eltern. Und all diese Personen hatte man zu achten und zu ehren. Nicht nur hatte ich vor älteren Menschen immer grossen Respekt, von ihnen, war mir bewusst, konnte ich viel lernen, besonders wenn es Bauersleute waren.

IV

Als wir die Betriebe und Höfe zuhause bei den Absolventinnen und Absolventen besichtigten, ist uns – vor allem aber Sonja und mir – bald mehr und mehr aufgefallen, dass nicht die angehenden Bäuerinnen und diejenigen, die die Klasse eingeladen haben, uns bewirtet haben, sondern immer die Schwiegermütter. Stets haben die Schwiegermütter das und jenes vorbereitet und zubereitet, und immer wieder hatten die Schwiegermütter den Abend und den Besuch bestimmt.
Schaut alle mal her, sagten wir junge Frauen etwa, das wird bald unsere erste Wohnung werden, so werden wir nach unserer Hochzeit im Frühjahr wohnen.

Bei einem der Besuche musste ich feststellen, wie ein zukünftiges Paar von der Schwiegermutter gerade mal das kleinste Mittelstübchen zugewiesen erhielt. Wir bekamen an einigen Montagen Einblicke in Höfe geboten, und wir erlebten da und dort Szenen der besonderen Art, wo ich mir gedacht habe: Also, das darf nicht wahr sein. Sind das noch Verhältnisse, man würde es nicht für möglich halten. Hat nicht der Mann, der dies in seinen Büchern und Romanen einmal beschrieb hatte, Jeremias Gotthelf geheissen und vor über hundertfünfzig Jahre im Pfarrhaus zu Lützelflüh gewirkt und gelebt?

Auf diese Weise haben wir immer wieder andere Verhältnisse und eine neue Bauernfamilie kennengelernt. Und doch, schien mir, hatten all die besuchten Höfe, so unterschiedlich sie im Einzelnen auch waren, einen gemeinsamen Nenner, nämlich eine Schwiegermutter und eine zukünftige Schwiegertochter als angehende Bäuerin. Es war stets die gleiche Konstellation, sodass ich mich mehr und mehr selber zu fragen begann: Ja, und bei dir? Wie ist das Spannungsverhältnis zwischen dir und der Mutter von Christian? Wie sind unsere Rollen? Da läuft es doch bei dir und deinem Christian genau auf das gleiche Muster hinaus.

Im Übrigen hatte Sonja sehr offen von ihrem Lebenspartner erzählt, die sich schon aus der gemeinsamen Schulzeit her kannten. Sie, eine Bauerntochter von einem kleineren Hügelbetrieb, und er, der Sohn von einem grösseren Hof im Flachland und Tal; dass sie sehr lange schon zusammen wären und auch miteinander wohnten. Aber eben nicht bei seinen Eltern auf dem Hof, sondern abgegrenzt zu diesem, in einer Mietwohnung. Ihr Freund ginge von der gemeinsamen Wohnung täglich auf den Hof seiner Eltern zur Arbeit. Sein Vater führte den landwirtschaftlichen Betrieb zusammen mit dessen Bruder, sodass ihr Liebster eigentlich beim eigenen

Vater und Onkel fest angestellt sei. Meine Zimmerkollegin ginge auf diesen Betrieb nur als Gast, wie ich mich dann und wann selber überzeugen konnte, und zwar lediglich dann, wenn ihre Familie sie eingeladen habe. Sonja habe dort vielleicht einmal einen Tag besuchshalber mitgeholfen, doch sie verstand es, sich gegenüber der Familie ihres Freundes deutlich abzugrenzen. Man könnte sogar sagen, sie habe auf diesem Bauernhof rein nichts zu suchen gehabt.

An einem unserer Montage hatten wir mit der Klasse dennoch den Grossbetrieb besucht, auf dem ihr Lebenspartner eben einer der Angestellten war. Zum ersten Mal konnten wir einen Grossbetrieb selber miterleben. Die drei bis vier Angestellten arbeiten dort wie in einer Firma, nicht mehr um Bauer zu sein, sondern um ihr Brot zu verdienen. Beinahe alles schien automatisch zu laufen. Auch hatte ich auf ihrem Hof den ersten freien Laufstall für Kühe gesehen, die erste Melkstation und dass in der modernen Landwirtschaft sogar auch hornlose Kühe gezüchtet werden können. Es schien ganz offensichtlich für uns alle einer der Betriebe der Zukunft zu sein. Wir bestaunten dort zudem eine mechanische Entmistung der Ställe. Selber kannte ich bisher nur, wie mühsam der Mist von Hand aus dem Stall gestossen werden musste. Allerdings entging es mir nicht, dass auf diesem «Traumhof» selbst Zimmerkollegin Sonja auch wiederum nicht die Gastgeberin unserer Klasse war, sondern Speise und Trank von ihrer Schwiegermutter in spe bereit gestellt wurden.

V

Nach und nach hatten wir Mitschülerinnen uns besser kennengelernt, uns Montag um Montag gegenseitig die landwirtschaftlichen und familiären Verhältnisse gezeigt, und wir angehenden Bäuerinnen konnten dabei, mal mehr und mal weniger, auch in einen Spiegel schauen. Ich jedenfalls konnte auf die Weise nun erfahren und viel besser erfassen, was genau mir nach dem Ende der Ausbildung und unserer Hochzeit bald einmal bevorstehen würde.

Während des Winters kam unsere Klasse auch «zu mir» nach Hause, auf «meinen Hof». Doch der Besuch auf «unserem» Hof, dem elterlichen Hof von Christian, verlief natürlich genauso wie überall und wie auf allen Bauernhöfen zuvor. Christians Mutter und ihre Tochter taten, machten, hatten und so weiter. Der eigentliche Zeremonienmeister auf dem Hof und meinem zukünftigen Zuhause war stets Christians ältere Schwester, und ich durfte grad noch – immerhin für meinen Besuch – die Kaffeekanne allergnädigst selber in der Hand halten.

Mehr und mehr fielen uns, Sonja und mir, in der Ausbildung diese befremdlichen Situationen zwischen alten und jungen Frauen auf den Bauernhöfen auf. Wir begannen in den Schulstunden die Schwiegermütter, beziehungsweise unsere zukünftige Rolle als Bäuerinnen, zu thematisierten. In Gesprächen mit der Klasse fingen nun auch andere Jungbäuerinnen an sich zu erinnern, was sie in den eigenen Familien oder von Seiten der Eltern ihres Verlobten jeweils gehört hätten: Ihr jungen Mädchen könnt gern schon auf den Hof kommen und bei uns einziehen, auch mit unserem Sohn zusammenleben, wenn ihr Jungen mit dem obersten finsteren Stock im Stöckli oder unserem Estrich vorlieb nehmen wollt. Das Bauernhaus nämlich, das bekommt ihr nicht eher, als dass von eurer Seite geheiratet wird und die ersten Kinder da sind.

Durch die Montagsbesuche der Bäuerinnen-Schule auf unseren eigenen Höfen hatten wir alle nun mehr und mehr kurze Einblicke auch in unsere kommende Rolle nach der Hochzeit erhalten. Auf einmal fiel es mir wie Schuppen von den Augen. Und ich sagte zu mir: Hoppla! Dir geht es genau gleich wie andern jungen Frauen. Wenn du ganz ehrlich zu dir bist, fährst du auch bereits auf diesem Gleis in die Zukunft. Beim Schulabschluss nach siebzehn Wochen war mir einiges klarer geworden.

VI

Es wurde nun Frühling, und auf der Bäuerinnen-Schule wurden die Abschlusstests geschrieben. Eines dieser letzten Wochenenden verbrachte ich ausnahmsweise nicht mit Christian und seiner Familie, sondern besuchte um Ostern mal wieder meine Eltern, Geschwister und Verwandten und traf dort meine frühere Schulfreundin. Ich berichtete über unseren Hof, den ich mit meinem Verlobten wohl sicher bald übernehmen könne. Es war wie eh und je, die Eltern und alle freuten sich. Jeden Abend gingen wir mit Marias Freunden in den Ausgang, und wie hatten zusammen eine Fröhlichkeit wie in alten Zeiten. Alle, die ich nun dort zu Gesprächen wieder traf, zelebrierten ihr Hochgefühl und demonstrierten vor mir Zufriedenheit, was mir offensichtlich ziemlich abhanden gekommen schien. Man schmiedete Pläne für den Sommer, wechselte den Job oder den Chef, ein Teil war grad auf dem Sprung ins Ausland, und sie verabschiedeten sich von mir, der angehenden Bäuerin und Braut, mit einigen gut gemeinten Anspielungen und einem mitleidvollen Blick. Eines Abends schaute mich Marias Freund lange an – wir waren in der Altstadt beim Wein und kamen zufällig am Tisch nebeneinander zu sitzen – und begann mit mir ein merkwürdiges Gespräch. Auch wir waren von der Schulzeit her ein wenig bekannt, um nicht zu sagen, befreundet. Doch nun war er der Freund meiner besten Freundin geworden. Wir hatten uns immerhin so gut gemocht, dass er mich auf einmal spontan fragte, was ich da eigentlich auf dem elterlichen Bauernhof meines Verlobten nun wirklich plane? Ich war über seine Frage dermassen perplex, dass ich kein Wort herausbrachte. Ob ich mir denn bewusst sei, auf was ich mich dort einlasse, insistierte er weiter und fragte mich erneut: Was machst du eigentlich mit deinem Leben? Ich rate dir, überprüfe das Ganze noch mal gründlich. Wer willst du in ein paar Tagen sein und was willst du werden? Eine Schwiegertochter, die Frau eines Bauern oder eine Bäuerin? – Wenn ich das nur wüsste, gab ich lachend zur Antwort, dann wäre ich ja eine Hellseherin und könnte die Zukunft voraussagen. – Eben. Weisst du, mir und Maria, aber auch unseren Freunden, die dich wirklich sehr mögen, scheint eines doch ziemlich klar: Auf diesem Hof, mit den Schwiegereltern und dieser älteren Schwester unter einem Dach, da kannst du nicht glücklich werden. Ich glaube, du bist dir dessen selber bewusst.

VII

Genau in dem Moment, als ich bei der Diplomfeier aufgerufen wurde und unter dem Applaus vorzutreten hatte, um meine Urkunde vom Direktor der Bäuerinnen-Schule entgegenzunehmen, hatte ich mich entschieden. Gegen meinen Zukünftigen, gegen seinen elterlichen Hof und gegen seine Familie. Als ich an meinen Platz zurückging und mich auf den Stuhl setzte, war ich innerlich schon nicht mehr ihre Schwiegertochter. Ich war mir auf einmal so ganz und gar im Klaren, die angesagte Hochzeit mit Christian, obwohl ich ihn mehr denn je gemocht habe und lieb hatte, platzen zu lassen. Denn ich konnte auf seinem Bauernhof die Rolle als Bäuerin, die man von mir dort erwartet hatte, ganz unmöglich erfüllen. Das heisst, ich wollte gar nicht mehr diese Frau werden, die sich seine Familie und er selber – mit oder ohne ihren sanften Druck – vorgestellt hatten. Dies wurde mir mitten in dieser Feier, an jenem Abend in der Aula der Bäuerinnen-Schule, wohl so deutlich, dass ich am gleichen Abend noch meinen Entschluss mitgeteilt habe. Ich musste, trotz der vielen Tränen, in diesem Moment für mich die Notbremse ziehen. Ich musste Reissaus nehmen. Am Tag nach der Diplomfeier verabschiedete ich mich bei der ganzen Bauernfamilie, hängte im Stöckli die Leinenvorhänge und Gardinen ab und packte meine Siebensachen. Zu meinen Eltern zurückgekehrt, im Zimmer meiner Jugend, stellte sich mir sogleich die Frage aller Fragen: Was jetzt? Was tun? Wo gehst du hin? Wie willst du dich verstecken, wenn alle mit dem Finger auf dich zeigen? So wollte ich mich in der Nähe von Christian und seiner Familie weder um irgendeine andere Arbeit bewerben, noch konnte ich in dieser ländlichen Gegend eine neue Stelle finden.

Plötzlich war klar: All das, was ich bin, kannst du für immer vergessen. Nichts davon wird in dieser Konstellation und mit dieser Familie als Schwiegertochter möglich sein. Fort, fort, nur weg, auch weil Christians Eltern ihn immer vor einer aus der Stadt gewarnt hatten. Jetzt hast du den Scherbenhaufen. Nun ist sie weg und dir geschieht es recht.

Und zu mir hörte ich sagen: Pass endlich auf. Jetzt, wo du mit all deinen Wünschen und Träumen doch gescheitert bist? Was ist das denn, «eine Bäuerin»?

Ja. Doch das war ich: «Gescheitert». Und allein schon deshalb musste ich noch viel weiter fort. Wegreisen. Auf und davon. Ins Ausland, am liebsten gleich nach Amerika. Ich musste fort von meiner Familie, fort von meiner Schwester und dem Bruder, fort auch von meinen Freundinnen. Fort von all den Leuten, die nun mit dem Finger auf mich gezeigt hätten.

VIII

Je mehr ich mir meine Zukunft wieder vorzustellen begann, umso mehr bekam ich Angst vor meinem neuen Lebensweg. Jeder Tag versetzte mich noch mehr in Panik, nun wieder ohne Partner zu sein. Es wurde ein Horrorszenario, bis ich mich entschloss: Weg, weg! Ganz plötzlich, ganz schnell. Ich packte in Windeseile meinen Koffer und stieg buchstäblich ins nächstbeste Flugzeug, um mit dem Land gleich auch meine Hoffnungen der vergangenen Jahre, die ich mit Christian auf seinem elterlichen Hof verwirklichen wollte, hinter mir zu lassen. Während meine Kolleginnen ihre Bauernhöfe und Liebsten geheiratet hatten, musste ich auf diese Weise meinen sehr persönlichen Schlussstrich unter die Schule für Bäuerinnen setzen.

Da stelle man es sich einmal vor: Ausnahmslos, wie ich später hörte, gerieten sie alle, meine Mitschülerinnen, als angehende Bäuerinnen und Schwiegertöchter in den gleichen Sog und Strudel. Auf den Bauerhöfen ihrer Liebe, mit den Ansprüchen ihrer Schwiegereltern und so weiter. Und die jungen Frauen wurden dort hinab- und immer weiter hinabgezogen. Sonja und ich hatten es am Ende beinahe schon vorausgeahnt, als wir uns nächtelang im Zimmer darüber unterhielten und wir uns immer klarer wurden: Du kommst auf dem Hof deines Zukünftigen, wie hier eine jede von uns, unter die Räder, ob die angehende Bäuerin eine Annemarie, eine Irene, eine Renate, eine Johanna oder eine Monika sei. Die Jenni aus unserer Klasse übrigens, mit der Sonja und ich auch nach der Schule noch ab und zu brieflichen Kontakt hatten, musste als Jungbäuerin bald schon in eine psychiatrische Anstalt eingeliefert werden. Sie war mit Hof, Haushalt und Kleinkindern nicht nur überfordert, sie kam dann insgesamt mit der neuen Rolle, die man ihr als Schwiegertochter zugestanden hatte, gar nie zurecht, sodass sie selber sich eines Tages als Schwiegertochter und Bäuerin nicht länger aushalten konnte.

Ich wurde lange Zeit durch all das, was ein Bauernhof und das Leben auf dem Land mir, einer Städterin, zu bieten hatten, sehr stark angezogen. Doch als junge Frau mit Lehrabschluss in einem handwerklichen Beruf – Verbundenheit mit einer Landschaft und mit der Natur hin oder her – gehörte ich nie dazu. In Wirklichkeit war ich, vom ersten bis zum letzten Moment, nicht wirklich Teil ihrer Familie, wie man es sich so gern gewünscht hätte. Nicht nur eine Beziehung zu diesem Mann, zu Christian, musste daran scheitern, sondern auch, weil ich mir einmal etwas ganz und gar Unmögliches in den Kopf gesetzt hatte, Liebe könnte starre Rollen und festgefahrene Dinge überwinden.

Zusenn

I

Brigitte, die Lehrtochter unserer Konditorei, war mir das grösste Vorbild. Sie hatte bei den Eltern meiner besten Schulfreundin ein Zimmer, war drei oder vier Jahre älter als ich und konnte bei uns in Glis und in Brig sozusagen alles tun, was sie wollte oder was sie sich nach Feierabend anscheinend grad gewünscht hat. Abendliche Besuche in den Bars und den Kinos gehörten auch dazu, mit eingeschlossen das Dancing «Tambourin». Mit ihrem kleinen Moped besass und genoss die Achtzehnjährige damals, erschien es uns, den Schülerinnen der achten Klasse der Sekundarschule, nahezu alle Freiheiten.

Brigitte wuchs im Lötschental auf, kam ursprünglich von einem Bauernhof und machte in unserer kleinen Stadt, dem regionalen Zentrum des Oberwallis, die Lehre als Konditor-Confiseur. Natürlich wollte ich dann, kaum aus der Schule entlassen, in der gleichen Backstube und bei den gleichen Berufsschullehrern die genau gleiche dreijährige Ausbildung machen und wurde nun auch Konditor-Confiseur. Denn ich wollte, ja, ich musste wie Brigitte werden: eine selbständige, junge Frau.

Ich hatte über Brigittes bäuerliche Herkunft zunächst nichts gewusst, doch bereits im ersten Lehrjahr konnte ich an den verlängerten Wochenenden und an den Ferientagen mit ihr zusammen, zum ersten Mal in meinem Leben, die Landwirtschaft selber hautnah miterleben, vor allem die täglichen Ar-

beiten auf ihrer Alp von Sonnenaufgang bis Sonnenunter-
gang faszinierten mich, und zwar vis-à-vis unserer
Viertausender. Brigitte und ich halfen den Eltern bei der
Sömmerung des Viehs und abends in der Alphütte, wo jeden
Tag ein Käse hergestellt wurde. Meistens am Sonntag in aller
Herrgottsfrühe fuhren wir ins Lötschental. Kaum waren wir
mit dem Wäschewaschen für die grosse Bauernfamilie fertig,
hatten im Garten die Gemüsesetzlinge pikiert und begossen,
ging es am Nachmittag, ohne Imbiss und ohne Verschnauf-
pause, mit der frischen Wäsche und den Lebensmitteln im
Rucksack hinauf auf ihre Alp. Das Erstaunliche war nun für
mich, dass mir dieses bisher ganz unbekannte Leben auf dem
Land und bei Brigittes Eltern in den Bergen überhaupt nichts
ausmachte, im Gegenteil: Mehr und mehr begann mich das
Neue anzuziehen. Es kam mir, anders oft als im Anwaltsbüro
meiner Eltern oder in unserer kleinstädtischen Gesellschaft,
das Flanieren und das Sehen-und-Gesehen-Werden auf der
Bahnhofstrasse, natürlich und wie selbstverständlich vor, obschon ich mich gleichzeitig wunderte, dass man auch heute
noch so einfach leben und auf all die Annehmlichkeiten unserer Zivilisation verzichten kann.

II

Mit jedem Wochenende, wo ich mit Brigitte im Lötschental
verbrachte, verlor ich mehr und mehr das Interesse an der
Ausbildung und am Beruf eines Konditor-Confiseurs. Nach
dem Ende der dreijährigen Lehrzeit hatte mich endgültig das
Fieber gepackt, im Sommer mit Brigittes Familie und ihrem
Vieh auf die Alp zu ziehen und der Backstube mit all den ver-
führerischen Süssigkeiten Lebewohl zu sagen. Meine Sehn-
suchtsorte hiessen auf einmal nicht St. Moritz und Lugano,

und ich träumte nicht mehr davon, mich als Konditor-Confiseur auf ein Kreuzfahrtschiff verpflichten zu lassen und um die ganze Welt zu reisen. Gleichzeitig kamen in mir auch erste Zweifel auf, vielleicht doch nicht ganz so weit von Glis, Brig und dem Oberwallis wegzufahren. Das einfache Leben der Sennen hoch über den Walliser Tälern wurde mir eine neue und eine andere Form der Sehnsucht nach Freiheit und Unabhängigkeit. Ein Leben in der Natur war stärker als alle Vernunft, stärker als all die verlockenden beruflichen Aussichten und all die wohlmeinenden Ratschläge meiner Eltern.

Ich musste zwar fort aus der Kleinstadt und Enge von Brig, doch glaubte ich, mich unmöglich längere Zeit von meinem Wallis trennen zu können. In dem Augenblick lernte ich dann einen Mann etwas näher kennen, der die gleichen Gefühle auch grad durchlebte. Es war Mario, der jüngere Bruder von Brigitte, und wir entschieden uns im Spätsommer mit einer Gruppe Kolleginnen und Kollegen, in die Ski- und Wintersaison nach Anzère ins Unterwallis aufzubrechen. Brigitte hatte sich kurz vorher noch verliebt und entschied sich, nicht mit ihren jüngeren Bruder und mir mitzukommen. Mario kannte sich im Skizirkus von Anzère und Crans-Montana schon einigermassen aus und sprach auch fliessend Französisch und Englisch. Ich arbeitete in Anzère sur Sion vom ersten Tag an in einem Hotel im Service, dessen englisch-französischer Name mir entfallen ist. Am ersten Tag hatten wir Hölzchen gezogen, vorbereitete Zündhölzchen unterschiedlicher Länge, wer mit wem das Zimmer im Angestelltenhaus zu teilen hatte. Es standen uns sechs kleine Wohnstudios zur Verfügung. Also bitte! Mario, kräftig gebaut und schwarze Kraushaare, der Bauernsohn mit abgeschlossener Bauzeichnerlehre, zog das gleich lange Hölzchen wie ich. Es war der pure Zufall. Mario war bei einer Kabinenbahn angestellt und hatte an den Skiliften oder als Fahrer der Pistenfahrzeuge ausgeholfen. Wir hatten praktisch das ganze Geld, das man als Lohn verdient oder als Trinkgeld eingenommen hatte, dann in den Bars und den Clubs oder beim Skifahren und Snowboarden wieder ausgegeben.

Mein Kompagnon aus dem Lötschental, Brigittes jüngerer Bruder, hatte sich schon vor Anzère sur Sion verpflichtet, im kommenden Sommer eine der grossen Alpen am Augsbordhorn zu übernehmen, die ihm, hoch über dem Mattertal gelegen, jeden Tag einen phänomenalen Rundblick bot, von den Berner Alpen über die Gomer Gipfel bis Mischabel, eingeschlossen auch Dom und Matterhorn. Doch Mario wusste schon bei seiner Anstellung durch die Alpgenossenschaft, dass er die Sömmerung nie und nimmer allein bewältigen konnte.

Ich werde nun den Abend in Anzère nie mehr vergessen, als er mich dann fragte, ob ich von Mitte Juni bis Ende September mit ihm auf die Alp mitkäme. Unglaublich! Das war mein grosses Los, wie ein Sechser im Lotto. Mit ihm auf eine Alp gehen war doch das, was ich mir im Grunde genommen schon lange erträumt hatte. Ich sagte Mario natürlich zu, obwohl es von uns beiden ziemlich unüberlegt, ja, eigentlich vollständig verrückt war. Denn ich hatte – man stelle sich das vor – in meinem bisherigen Leben noch nie eine Ziege gemolken. Und hatte doch im selben Moment schon erfahren, auf der Alp dort oben werde ich, neben den zwanzig Kühen, mindestens jeden Tag zwei Dutzend Geissen zu versorgen und zu melken haben. Ich wurde von Mario sozusagen gedingt. Er engagierte mich, weil er von der Grösse dieser Sömmerungsalp her, auch für die Arbeiten in der Alphütte und für das Herstellen und die lange Lagerung des Alpkäses, auf einen Zusenn angewiesen war.

Ich hatte mich fortan auf unseren Alpaufzug im Frühsommer so unbeschreiblich gefreut – einfach gefreut und gefreut. Dabei hatte ich merkwürdigerweise nie die leiseste Angst, wir könnten es zusammen nicht schaffen und ich könnte all den Aufgaben nicht gewachsen sein. Denn ich wusste, was ich wollte. Und, was immer ich will, das ziehe ich durch und werde es auch schaffen. Aber noch etwas war mir bewusst: Sollten Mario und ich uns am zweiten oder dritten Tag in die Haare geraten, werden wir bis zum letzten Tag durchhalten müssen, bis der lange Alpsommer über unserem Mattertal zu Ende gehen wird. Erst im Herbst, wenn meine Zeit als Zusenn auf der Alp vorüber ist, werden beide erneut frei sein, und jeder kann für sich wieder privat und beruflich planen, was er in Zukunft am liebsten machen möchte. Das haben wir dann, Mario und ich, so gehalten. Und ein Jahr später dann noch einmal wiederholt. Nach dem ersten Alp-Sommer gingen wir Anfang Dezember erneut nach Anzère, eine zweite Wintersaison lang. Und noch immer galt für uns die Abmachung: Anzère sur Sion wird wiederum nur bis zum Frühling dauern.

III

Im ersten Jahr war ich der Zusenn von Mario. Wir hatten eine Art Jobsharing, und zu meinen Aufgaben gehörte das Melken der Ziegen, dann auch, die Rinder, Guschti und grösseren Jungtiere auf den Weiden einzutreiben, und in der Sennhütte das Käsemachen. War dann das Wetter einmal schlecht, hatte auch Mario Käse gemacht und ich konnte in der Zeit beispielsweise die schmutzige Wäsche waschen. Wir hatten stets alle Arbeiten auf unserer Alp so aufgeteilt, dass beide die Verantwortung hatten und dafür in gleicher Weise zuständig waren. Das hiess dann, nicht nur die Käsetücher und die Bettwäsche zusammen, sondern auch das Kochen und all die übrigen Arbeiten in der Küche. War Mario mit den Stallarbeiten etwas früher fertig und ich war mit dem Käsen grad noch voll beschäftigt, hatte er natürlich dann die Kartoffeln auf den Herd gestellt und das Fleischstück angebraten. Oder, wenn er zum Zäuneaufrichten oder Heumähen auf der Nachbarsalp ausgeholfen hatte, habe ich bald schon sämtliche Kühe gemolken und alles Vieh wieder auf die Alpweiden getrieben.

Und jeden Tag hatte ich auf der Alp wieder neue Dinge erfahren, von denen ich noch nie gehört hatte. Zum Beispiel, dass Ziegen sich um ihren Nachwuchs gemeinsam kümmern und die Herde sich selber einen «Kindergarten» organisiert und den Jungtieren eine «Lebensschule» einrichtet. So beaufsichtigt eine alte Geiss jeweils alle jungen, hält diese behütet in ihrer Nähe und würde mit ihren Schützlingen im gebirgigen Gelände nie zum Fressen mit den grossen Ziegen dorthin gehen, wo es gefährlich werden könnte. Oder, nimmt man altershalber den Jungtieren ihre «Kindergärtnerin», dann bestimmt oder wählt die Hierarchie – das ist einer der Chefs, der befiehlt – rasch wieder eine neue Kinderaufsicht. Ich sah nicht nur ihre strenge, genaue Ordnung, sondern beobachtete die Mutter-Kind-Beziehung, die bei Ziegen grösser ist als bei vielen anderen Hoftieren, und wie die Lämmer jeweils ihr Leben lang um die Mütter herum bleiben. Die Sache mit der Stallordnung bei Tieren begann mir nun erst auf der Alp richtig einzuleuchten, dass jedes Tier seinen festen Platz hat und ihn auch selber kennt. Denn auf der Alp brauchten die Tiere, ob Kühe, Rinder, Schafe oder Ziegen, ein strengeres Zuhause als unten im Tal.

IV

Nach dem ersten Alpsommer hoch über dem Mattertal fuhren Mario und ich im Spätherbst erneut ins Unterwallis, verliessen in Sion die Autobahn und nahmen wieder die Serpentinen nach Anzère hinauf in Angriff. Doch diesmal sass ich am Steuer, und Mario war neben mir auf dem Beifahrersitz. Schon vor unserer zweiten Wintersaison kam die Anfrage nach einem weiteren Sommer. Wieder mit Mario als Senn und mir als Zusenn auf der gleichen Alp. Man war mit uns zufrieden. Gleichzeitig aber machte der alte Bauer, der Präsident dieser Oberwalliser Alpgenossenschaft, Mario und mir ein weiteres Angebot: ein altes Bauernhaus mit leeren Stall, erbaut im späten sechzehnten Jahrhundert, am Rand eines Weilers und zwischen der Alp und den Dörfern Stalden, St. Niklaus und Randa unten im Tal gelegen, zu übernehmen. Als festen Wohnsitz. Es gehörte seiner Familie, aber wir beide seien doch sicher auf der Suche nach einer ständigen Bleibe. Die Eltern von Mario und meine Familie zeigten auf einmal, als sie davon hörten, eine Riesenfreude. Möglicherweise gab es im Vorfeld zwischen ihnen und der Besitzerfamilie, natürlich hinter dem Rücken von Mario und mir, eine gewisse Absprache. Das Panorama war auch auf halber Höhe über dem Mattertal noch immer grossartig, und der Blick von der Terrasse zu den Bergen über Zermatt stets auch mit Fernweh nach dem Süden verbunden. Wirklich, eine sehr tolle, geradezu ideale Lösung. Das alte Maiensäss-Haus mit dem typischen Steinplatten auf dem Dach, vielmehr die heimelige Wohnung mit den niederen Stübchen, wurde eigens für uns noch umgebaut. Jedes Zimmer bekam eine neue Täferung aus hellem schönem Lärchenholz, die Zentralheizung und Küche wurden gänzlich erneuert. Ein modernes Bad und etliche weitere Annehmlichkeiten der Zivilisation kamen hinzu. Eine eigene Waschmaschine rückte nun um etliche Kilometer wieder in meine Nähe. Wir hatten aber im rückwärtigen Teil unserer Bleibe, im leeren Stall hinten, bald auch schon ein paar wenige Tiere. Es waren hauptsächlich Hühner und Schafe, dann kamen die Ziegen dazu.

Dadurch blieben wir, Mario und ich, im kommenden Frühling nach dem ersten Alpsommer und der zweiten Wintersaison in Anzère erst einmal in der Gegend. Das Land, das eigentlich zu diesem Hof gehört hätte, war an einen jüngeren Bauern mit einem modernen Betrieb im Talboden verpachtet. Immerhin konnten wir im rückwärtigen Stall – das war uns nach dem zweiten Alpsommer dann schon wichtig – ein paar Tiere halten. Eigene Ziegen und Schafe. Dies schien beinahe selbstverständlich, wenn man schon ein Bauernhaus, selbst wenn dieses leer steht und von niemandem mehr gebraucht wird, bewohnt.

Ja, ich und Mario: Wir hatten es in unserer Beziehung stets – mal mehr und mal weniger – chaotisch. Das hiess für uns nicht die übliche schöne Reihenfolge: Bekanntschaft, Verlobung, Hochzeit und, und, und. Nein, meine Beziehung zu Brigittes Bruder ging, ohne es eigentlich zu wollen, ziemlich andersrum. Einmal soll ich zu seiner Schwester auch gesagt haben, dieser Mario sei für mich der letzte Mann, den ich heiraten würde. Als uns in Anzère das Los beim Hölzeln zusammenführte, hatten wir uns – Mario mir und ich ihm – gegenseitig versichert: «Ja, doch.» «Wir schauen dann.» «Wir werden sehen.» «Vielleicht mal später.» Es blieb total unverbindlich, von beiden Seiten. So hatten wir es gehalten, zwei Jahre lang. Im Sommer auf der Alp über dem Mattertal, im Winter in der Skisaison im Unterwallis. Mit den Oberwalliser Kolleginnen und Kollegen, auch gegenüber Brigitte.

Und dann?

Dann war es eines Tages dann «mal später».

Und?

Mario begann wieder auf seinem gelernten Beruf als Bauzeichner zu arbeiten. Und ich fing noch vor dem zweiten Alpsommer an, in einer Bäckerei-Konditorei zu arbeiten, erst in Stalden, dann auch an einzelnen Tagen im Verkauf in St.

Niklaus und Zermatt. Bald schon stand ich am Vormittag wieder in der Backstube, allerdings nun nicht mehr untertags, bediente über den Mittag im Laden Touristen aus aller Herren Länder oder servierte im Café-Restaurant den Nachmittagsgästen meine Spezialitäten, Apfeltörtchen und Walliser Aprikosenkuchen. Mario und ich merkten zudem nun langsam, man könnte weiter zusammenbleiben, doch übers Heiraten und eine Hochzeit abhalten wurde nie gesprochen.

V

Einmal, gegen das Frühjahr hin, wurde in den lokalen Anzeigern und den bäuerlichen Fachzeitungen in unserer Gegend eine Vieh- und Fahrhaben-Versteigerung ankündigt. Sie fand statt, weil der Bauer und Landwirt, der noch Gemeindepräsident und im Oberwallis gut bekannt war, nach Sion oder Sitten ins Kantonsparlament gewählt wurde. Der fünfundvierzig Jahre alte Mann war noch mehr im ganzen Kanton unterwegs, und zuhause wollte seine Frau, die die meiste Zeit zur Landwirtschaft geschaut, die Kühe gemolken und all die Tiere versorgt hatte, nicht ständig noch mehr, wie man sagt, zum Rechten schauen. Hildegart kam ab und zu als Kundin zu mir in die Bäckerei-Konditorei, doch richtig kennengelernt haben wir uns dann erst nach ihrer Hofaufgabe. Man erzählte sich übrigens, ihr Mann sei eines Tages von einer Parteisitzung oder einem Gemeinderat nach Hause gekommen und habe – eher beiläufig und ohne mit seiner Familie abzusprechen – seiner Bäuerin und Ehefrau mitgeteilt, der und der Notar und Gantrufer werde dann in acht oder zehn Wochen eine komplette Steigerung abhalten. Doch, er muss vielleicht am Familientisch vorher schon mal – man hört ja bei all den Dingen in der Gemeinde immer verschiedene Versionen – das Wort «Versteigerung» ausgesprochen haben, doch weder die Bäuerin noch seine beiden Söhne hätten anscheinend seine Bemerkung wirklich noch ernst genommen.

Ich selber ging nicht zu ihrer Versteigerung, im Unterschied zu Mario, der durch so ein Ereignis nur allzu gern in eine Art Leidenschaft oder Fieber geriet, war aber an jenem Abend davon mehr oder weniger direkt betroffen. Dabei hatte mir Mario am Morgen noch einmal hoch und heilig versprechen müssen, er werde rein gar nichts ersteigern. Dann aber, als ich am Abend von meiner Arbeit zurückkam, sagte mir Mario, er müsse nach dem Abendessen schnell noch weg. – Wozu, weswegen?, wollte ich wissen. – Ganz rasch, bekam ich zur Antwort. Er müsse auf dem Hof nur noch «das, was er ersteigert habe», abholen gehen. Dann war er verschwunden. Als er zwei Stunden später zurückkam, brachte er eben, neben ein paar Werkzeugen, die uns im alten Bauernhaus gefehlt haben und uns sehr kommod kamen, doch ein Tier. Es ist unglaublich! Das wagte er mir gegenüber und das hat der gemacht! Ein ersteigertes Kalb zu holen. Obwohl in der Früh noch versprochen wurde, keine Tiere zu ersteigern.

So etwas tut weh. Jetzt hat er sein Versprechen gebrochen und eine klare Abmachung nicht eingehalten. Wir haben kaum Geld, und er ersteigert sich aus diesem teuren Zuchtviehbestand ein Kalb. Mario versuchte mich zu beruhigen und teilte mit, wie wenig er für das Jungtier bezahlt habe. – Also wirklich! Für einen so läppischen Betrag, musste ich ihm sagen, kann das gar nicht ein ordentliches Tierchen sein. Schliesslich ging ich mit ihm in den Stall, um mir sein «liebes Kälbchen» anzusehen. – Du lieber Himmel! Da liegt doch ein schwerkrankes Tier vor mir, für das jeder Groschen noch zu schade war. An diesem Abend war ich, gelinde gesagt, von Mario sehr enttäuscht. Wenn schon Geld ausgegeben werden muss, das wir nicht haben, dann wenigstens nicht für das schäbige Etwas. Alles Geld, das ich den ganzen Tag verdient hatte, für diese erbärmliche Kreatur.

Am nächsten Tag fuhr ich, immer noch wütend über Mario, zur Arbeit. Als Hildegart, die Bäuerin, am Nachmittag dann auch noch zu mir in die Bäckerei-Konditorei kam und sagte, es freute sie ungemein, dass wir das Tierchen gestern ersteigert hätten, geriet ich ein zweites Mal aus dem Häuschen. Aha! Es sei krank, und Mario hatte das bereits gewusst. Krank sei das Kalb, einfach krank. Doch nun begann ich mit der Bäuerin Mitleid zu haben. Denn ich hörte auf einmal, als Hildegart im Laden vor mir stand, was sie am gestrigen Tag alles mitgemacht haben musste. Am Morgen ist der eigene Bauernhof noch komplett, und am Abend, wie von Geisterhand berührt, ist der ganze Hof wie weggezaubert. Während des kurzen Gesprächs hatte ich zudem erfahren, etwas verschlüsselt zwar, wie sehr doch die Bäuerin an ihrem kranken Tierchen hängt. Ach, deshalb kam sie in die Bäckerei-Konditorei, um mir persönlich mitzuteilen, dass sie nun beruhigt sei, dieses Tier in guter Obhut zu wissen, bei Leuten wie Mario und mir, die es pflegen würden und die dafür auch Geduld aufbringen können. Denn sie, die Bäuerin, hätte schon mit allen Mitteln versucht, mit Tierarzt und mit einer langen Liste von Medikamenten, das kränkelnde Tier wieder auf die Beine zu bringen. Kaum war ich am Abend daheim, schaute ich im Stall nach dem armen Ding. Da fing mir das kranke Kälbchen an leid zu tun. Und jeden Tag mehr. Ich widmete mich ihm, kaum war ich aufgestanden in der Früh, und am Abend dann erneut, sobald ich die Bäckerei-Konditorei im Dorf unten verlassen konnte. Die ersten Tage ging es mit ihm noch bergab, so sehr war das Jungtier geschwächt. Bald kamen wir auf die Idee, unserer Patientin Bananen mit Joghurt einzuflössen.

Hildegart, die Frau des Bauern und Gemeindepräsidenten, besuchte uns im alten Bauernhaus mit dem Steinplatten-Dach jeden zweiten Tag. Sie machte sich einerseits um ihr Kälbchen ebenso Sorgen wie um unsere Beziehung. Denn ich brauchte einige Zeit, bis ich mit Mario wieder halbwegs vernünftig sprechen konnte. Auf der anderen Seite lernten wir beide nun die Bäuerin nach der Aufgabe ihres Hofes etwas näher kennen und sahen nicht nur, wie sehr sie an ihren Tieren hing, sondern vernahmen auch, dass sich die robuste und kräftig scheinende Frau wegen psychischer Probleme, die teils wohl Eheprobleme zu sein schienen, in ärztliche Behandlung begeben musste.

Das ersteigerte Kälbchen wurde bei uns gesund. Es war für mich kaum zu glauben, welch zutrauliches Tier auf einmal mit uns im alten Bauernhaus lebte. Und zwar buchstäblich in unserem Haus, denn es begann nun, wo immer möglich, meine Nähe zu suchen. Das junge Tier lief mir aus dem Stall einfach nach, stieg mit mir jeden Morgen und jeden Abend die paar Stufen der Steintreppe auf die Terrasse hoch und wollte ein jedes Mal mit in die Küche kommen. Es bekam den Namen Rosina oder in der Kurzform Sina. Nach zwei, drei Jahren hatten wir, neben unseren paar Schafen und Ziegen, eine erste, eigene Kuh. Mario wollte um alles in der Welt wie ich selber auch, zur Freude von seiner Schwester Brigitte und unseren Eltern, bald weitere Tiere in unserem Stall haben.

Ein Brief

Du bist völlig unvorbereitet. Da fliegt eines Tages ein Kündigungsbrief ins Haus, die Pacht und Hof seien jetzt gekündigt. So hat man uns plötzlich den Boden unter den Füssen weggezogen. Von einer Sekunde auf die andere, einfach so.

Man sieht und hört nichts mehr. Keinen Himmel und keine Matten, keinen Brunnen und vor dem Haus keinen Bach. Es ist fertig. Man sieht auch nicht mehr, wie die Lismete, deine angefangene Handarbeit, noch je, etwas bildlich gesprochen, ein Pullover oder einem Paar Socken werden soll. Man sieht keine Zukunft mehr, weil du keine Aussicht auf Zukunft mehr hast. Einfach Schluss und fertig mit der Landwirtschaft. Es ist für uns, als können wir auch nicht mehr atmen. Als nimmt uns jemand die reine, klare Luft hier zum Atmen weg. Du glaubst, du musst ersticken.

Es war nach dem Kündigungsschreiben für mich, wie wenn unserer Familie jemand in Küche und Bad wie auf dem ganzen Hof mutwillig das Wasser abstellt. Sämtliche Wasserhähne sind zugedreht. Einfach so. Die Brunnen vor dem Haus und hinten bei den Ställen führen keinen Tropfen Wasser mehr. Alle unsere Brunnstuben und Quellen sind versiegt. Du bist mit den Tieren und dem ganzen Vieh dem Verdursten nahe.

Du bekommst den eingeschriebenen Brief. Du bist gekündigt. Grundlos. Einfach so, aus heiterem Himmel. Jetzt wissen wir, es gibt kein Morgen mehr. Wir wissen auc h nicht, ob wir in einem Jahr mit Kind und Kegel und dem Vieh auf der Strasse stehen. Wir wissen nicht, was werden soll. Mein Mann und ich haben keine Ahnung, ob wir unsere Tiere noch werden behalten können. Es ist zurzeit unklar, ob vielleicht eine Einsprache oder ein Gesuch um Erstreckung des Pachtvertrages sinnvoll wäre. So wenigstens, dass wir im Bauerhaus hier wohnen und bleiben könnten. Wir wissen auch nicht, ob uns je ein Amt oder eine uns wohlgesinnte Person unterstützen wird. Es ist nicht klar, wie es, falls mein Mann und ich auswärts eine Arbeit annehmen, mit dem Betreuen und Hüten der Kinder dann gehen könnte. Wir wissen nicht, ob das Dorf noch unser Dorf und ob die Nachbarn noch unsere Nachbarn bleiben werden.

Es ist aus und fertig. Es ist für mich, wie wenn du am Stricken bist und plötzlich, mitten in der Handarbeit, schneidet dir jemand den Wollfaden durch. Einfach so. Du hast keine Verbindung mehr zur Wolle. Du hast für dich im Leben den grossen Wunsch, mehrere, ganz verschiedenfarbige Wollgarnknäuel zu warmen, bunten und schönen Pullovern zu verstricken: den einen für den Winter, den anderen für einen Sommerabend und, wenn dir die Zeit noch reicht, auch einen für den Herbst und Frühling. Dazu möchtest du der ganzen Familie noch einige Paar Socken sticken, doch − plötzlich − ist die ganze Wolle weg. Fertig Handarbeit. Das gesamte Wollgarn hat sich in Luft aufgelöst. Es ist Schluss. Du siehst keine Zukunft mehr. Du hast davon von heute auf morgen kein bisschen mehr. Zack − zack − zack! Einfach so. Mitten in deiner Arbeit schneiden sie dir die Wollfäden durch.

Der Tag X

Mein Mann und ich haben, seitdem wir den Hof hier führen und die Landwirtschaft auf dem Zelg übernommen hatten, zu Katharina wie zu Theo einen guten nachbarlichen Kontakt. Hin und wieder brachte man sich die Kinder auf den Hof, gegenseitig, um diese einen Nachmittag oder einen Abend zu beaufsichtigen. Auch hatten wir ihnen in den vergangenen Jahren einige Kühe und Gusti zur Alpsömmerung auf den Berg gegeben. Man half sich stets aus, wo es ging. Oft war Thomas, mein Mann, mit Theo und einem Lehrling schon im Frühling auf ihrer Alp oben, um die Sennhütte fürs Käsen vorzubereiten oder auf den Alpweiden Mist zu zetteln. Wir waren jedes Jahr dabei, wenn unsere Nachbarn ihren Kupferkessel aus seinem Winterschlaf aufgeweckt hatten und mit vereinten Kräften dieses Riesending zum Käsen wieder in die Alphütte zu transportieren war.

Wir wussten von Katharina und Theo, dass sie sich mit all den Arbeiten oft am Limit bewegten, zumal sie zu ihrem Talbetrieb zusätzlich auch noch die Verantwortung für einen Bergbetrieb hatten. Als Bauernfamilie hatten die beiden wie wir drei Kinder, und es kamen für sie vor einem Jahr einige persönliche Schwierigkeiten zusammen. Sie hatten im letzten Sommer auf ihrer prachtvollen Alp mit einer weitläufigen Weidefläche, mit Ställen und einer Sennhütte zum Käsen, einen Senn verpflichtet, der sie teils bei den Abrechnungen von Milch und Käse betrogen und teils, durch seine plötzlichen Abwesenheiten, regelmässig im Stich gelassen hatte.

Zudem sind ihm täglich teure Geräte, die auf der Alp zum Käsen und Melken benötigt wurden, zerbrochen oder verloren gegangen. Der ständige Ärger mit dem Senn, der die Tiere vernachlässigte und zu nichts Sorge trug, führte dazu, dass Katharina und Theo, die letztlich doch die alleinige Verantwortung hatten, die Geduld verloren und unter die Sennerei den Schlussstrich zogen. Was beide schon im Sommer langsam in Erwägung gezogen hatten, war im Frühherbst auf einmal beschlossene Sache. Katharina und Theo holten sich für den kommenden März einen Gantrufer und den Notar, um mit dem Alpbetrieb nun auch gleich alles im Tal, das in Hof und Haus nicht niet- und nagelfest ist, mit zu versteigern. Neben den vielen Käsetüchern, dem Kupferkessel und all den hundert Dingen zum Käsemachen auf der Alp, ihren gesamten Viehbestand und Gerätschaften, eingeschlossen die neue Melkanlage und die beiden Traktoren. Die Nachbarn teilten uns ihren Entschluss als Erstes mit und sagten auf unsere Einwände, sie hätten ihren Schritt gut überlegt und miteinander eingehend besprochen, sodass man die Sache bloss noch umsetzen müsse. Sie planten nach der Vieh- und Fahrhaben-Versteigerung einen Neuanfang für ihre zweite Lebenshälfte, und Katharina absolviere bereits einen Kurs für die Wirteprüfung, um später ein Restaurant oder einen Landgasthof übernehmen zu können.

Nach der Alpsömmerung ging mein Mann zwei bis drei Tage in der Woche hinüber, um die beiden bei ihren Vorbereitungen für die Versteigerung tatkräftig zu unterstützen. Man begann etwa oben auf dem Berg die Alphütte gründlich zu putzen, reparierte noch einige wenige Zäune und reinigte im Weiteren die Weideflächen, darauf dann auch die Rinder-, Kuh- und Ziegenställe. Anfang November kam ich dazu, um altes Material und faules Holz vor und hinter der Sennhütte einzusammeln. Wir trugen all die Absperrungen und elektrischen Drähte für den Verkauf zusammen, ordneten auch die Strohballen und das Heu. Wir bündelten Mistgabeln. Während Tagen wurde nichts anderes als Geräte und Tücher zur Käseherstellung gereinigt, anschliessend folgten all die landwirtschaftlichen Maschinen. Sämtliche Teile der Melkmaschine und des Benzinmotors für die Stromerzeugung kontrollierten wir, und dort, wo noch ein fehlerhaftes Teilchen zu ersetzen war, wurde immer gleich eine Notiz gemacht. Auf diese Weise bekamen wir mit der Zeit den Überblick, was schon gereinigt und zum Verkauf bereit und was noch nicht in Ordnung war.

Den ganzen Spätherbst bis in den Dezember hinein kamen und gingen mir immer die gleichen Fragen durch den Kopf. Es waren schreckliche Gedanken, die mich Tag und Nacht zu beschäftigten begannen: Was wird einmal mit uns und unserem Hof, wenn mein Mann und ich eines Tages zum Aufgeben gezwungen würden? Wie lange bleiben unsere Kühe, Rinder und die Maschinen noch verschont, sie zum Verkaufen anzuschreiben?

Ich beobachtete während den Arbeiten oben am Berg unsere Nachbarbauern oft, und es schien mir fast, als könnten Katharina und Theo ihr Schicksal annehmen. Stellte ich eine diesbezügliche Frage, waren ihre Antworten immer sehr knapp. Das sei jetzt halt so. Es folge nun ein neuer Lebensabschnitt.

Anschliessend wurde mit dem Hochdruckreiniger im Haus und den Ställen alles einigermassen in einen ordentlich sauberen Zustand gebracht, und zuletzt habe ich die letzten Heugabeln und die drei, vier Besen ebenfalls noch zum Verkaufen zusammengebunden. Die eine oder andere Gabel, hatte ich mir vorgestellt, übernimmt bald ein nächster Landwirt oder Alphirt, und auch er wird mit den Geräten aus

Holz und Eisen für einige Jahre den Mist aus dem Stall tragen, auf den Miststock werfen und am Ende auf seine Alpwiesen und Felder verteilen.

Dann kam der Samstag im Februar, an dem ihre Vieh- und Fahrhaben-Versteigerung amtlich angesetzt war. Ein weisses Festzelt wurde aufgestellt, als müsste es ein riesiges Volksfest werden. In ihm hatten wir, die Bäuerinnen der umliegenden Höfe und weitere Helferinnen, über die kurze Mittagszeit all die Besucher aus Nah und Fern zu verpflegen. Ich sah zum ersten Mal bei Theo und Katharina die Ausschilderung des Steigerungsplatzes und den Ring auf dem Hofplatz, gebildet mit Wagen und Strohballen, den sie Arena nannten. An jenem Morgen des Tag X war ich noch stärker im Zwiespalt mit mir selber und habe mitgelitten und gehofft, die Versteigerung auf unserem Nachbarhof werde in Würde über die Bühne gehen.

Auf dem Steigerungsplatz fiel mir als Erstes auf, dass Katharina nicht anwesend war. Die Bäuerin hatte am Vortag bereits das Weite gesucht. Man hatte sie mit den Kindern zusammen, wie ich richtig vermutete, mit dem Jeep weggebracht. Wollte sie sich aus Scham oder um Fragen auszuweichen bei ihren betagten Eltern im Alters- und Pflegeheim gar verstecken? Vielleicht wollte die Bauersfrau, doch dies ist bloss eine Vermutung von mir, das Ende ihres Hofes nun doch nicht wahrhaben? Oder hoffte sie noch insgeheim, wenn sie dem Verkauf ihres hoch prämierten und weiterum bekannten Viehstandes fern bliebe, brauchte sie hinterher den Tag X persönlich nicht zu verarbeiten? Ich hätte mich auch Monate später nie zu fragen gewagt, als dann Katharina schon die stolze Besitzerin eines gut gehenden Landgasthofes war, ob es so oder ganz anders gewesen sei. Eines aber ist gewiss: Bei der Aufgabe, den eigenen Bauernhof zu versteigern, würde ich mich genauso verhalten und am Steigerungstag, wie Katharina, das Weite suchen.

Notar, Gantrufer und ihre Helfer begannen pünktlich um halb zehn mit dem ersten Ausruf, und die gesamte Versteigerung dauerte, weil Theo und Katharina wirklich alles und jedes, ihren Hausrat und die alten Truhen ebenso wie all die bemalten Bauernschränke, weghaben wollten, vom Vormittag bis hinein in den späteren Nachmittag. Mir fiel übrigens auf, dass ihr Gantmann, entgegen dem landläufigen Bild oder Vorurteil, während seines Waltens keine anzüglichen Witze brachte und bloss ein paar amüsante Sprüche zum Besten gab. Er hatte sich beim Ausrufen nicht sonderlich ins Zeug gelegt, zumal beim Vieh Theo und sein Bruder, beides gestandene Landwirte, das Wichtigste über Milchleistung, Abstammung und Besamung der Tiere über die Mikrophone gleich selber erläuterten. Alles blieb sachlich, und es wurde, nach meinem Eindruck, in der Arena kein unnötiges Theater veranstaltet.
Ich war mit meiner Schwiegermutter, die Theo und Katharina zu Mittag auch als freiwillige Helferin zur Verfügung stand, am Vormittag zu Fuss hinüber gegangen. Da wir aber erst gegen halb zwölf Uhr im Verpflegungszelt zum Einsatz kamen, konnten wir beide zunächst eine Weile der Stimme des Gantrufers zuhören. Ich wagte mich einmal auf den Hausplatz vor, wo sich die Arena befand, und sah, wie die Hände der Bietenden mal für mal hochschnellten. Immer waren es wieder diese Bauernhände, die mir auffielen, die den neuwertigen Motormäher oder ein zweites und drittes Kuhkälbchen vor einem Mitkonkurrenten ersteigern konnten. Mir schien, keiner der Männer brauchte noch hinzuschauen, was vor ihnen im Ring grad ausgerufen wurde. Offenbar vertrauten die Landwirte bei einer Vieh- und Fahrhaben-Versteigerung den Angaben im Einladungsprospekt.

Da wurde mir auf einmal bewusst, dass mitten in dieser merkwürdigen Runde von Bauernhänden sich auch mein Mann befand, um dann und wann mit der Hand sein Angebot anzuzeigen. Im Unterschied zu uns Frauen, seiner Mutter und mir, nahm Thomas aktiv an der Versteigerung teil, bot bald da und bald mit, mit grosser Aufmerksamkeit und sehr konzentriert, als ich ihn in der Menge dann erspähen konnte. Er hatte sich mit mir zuvor abgesprochen, was wir noch an landwirtschaftlichen Geräten für unseren Betrieb brauchen könnten. Ich war innerlich so aufgewühlt, diese Bauernhände zu sehen, die in regelmässigen Abständen emporschnellten, dass ich später von der Versteigerung nur dieses eine Bild in Erinnerung behielt. Und erneut begannen mich Fragen zu quälen, warum ich als Nachbarin von Katharina und Theo an ihrem Tag X überhaupt mitmache? Wie musst du dich ihnen gegenüber verhalten, wenn ihre Melkanlage, der Mäher oder jener Ladewagen plötzlich uns gehören würde? Oder ihre Rinder und Jungtiere in unserem Stall stünden? Was geschieht weiter mit ihrem Talhof auf der Zelg und ihrer Alp? Warum müssen Katharina und Theo Kühe, Tiere und alles, was zu einem Bauernhaus gehört, an wildfremde Leute veräussern?

Es waren eher nicht die Fragen der Landwirte und Männer, die wir vom Steigerungsplatz her immer lauter vernehmen konnten, wohin diese oder jene hoch prämierte Kuh wohl gehe? Wer den neuen Ladewagen bekommen habe oder für wie viele Tausender der grosse Traktor gegangen sei? Und wer der unbekannte Herr sei, der den alten Pflug mit Pferdezug für seinen Rasenplatz im Garten ersteigert habe?

Kurz nach halb zwölf Uhr kamen meine Schwiegermutter und ich im Festzelt zu unserem Einsatz, der Ausgabe der beiden Menüs, Getränke und anschliessend von Cakes und Kaffee. Ich stand auf einmal vor einem heissen Kochtopf und schöpfte entweder Rindsbraten mit Kartoffelpüree und Gemüse oder Kartoffelsalat mit Bratwurst. Es waren tausend leere Teller, die uns von zwölf bis ein Uhr hingehalten wurden, sodass mir keine Zeit mehr zum Sinnieren blieb. Nach dem Servieren verliess ich, ohne noch einmal bei ihrer Arena mit den ständig hochschnellenden Bauernhänden vorbeizuschauen, meine erste Vieh- und Fahrhaben-Versteigerung und eilte zu Fuss nach Hause. Wieder zurück auf unseren Hof, erwarteten mich schon unsere Kinder, die mit den neuen Holzkühen und Tieren Alpaufzug und Bauernhof spielten und noch keine Fragen stellten.

Fiddu

Unser Hund hat ein biblisches Alter. Er gehört meinem
Mann, der ihn auch aufgezogen hatte. Wenn er und ich
gleichzeitig rufen, wird Fiddu nur auf ihn hören, sich zu ihm
begeben, so gut das Tier sich im Alter noch bewegen kann,
um nicht mehr von seiner Seite zu weichen. Einst war der
Hund ein agiles und sehr wachsames Haustier, das man nie
spazieren führte oder mit dem man in die Hundeschule hätte
gehen müssen. Fiddu ist ein Arbeitstier, das seit Jahren zur
Familie gehört. Er hilft uns, das Vieh auf der Weide zusam-
menzutreiben. Seinen Charakter, der das ermöglicht, hatte er
bereits als Jungtier. Auf Grund dieser Eigenschaften hatte ihn
mein Mann für die Aufgabe auf unseren Hof ausgewählt.
Man muss diese dem Hund richtig beibringen, damit er einem später eine Hilfe wird. Geschieht das nicht exakt und
ordentlich, treibt jeder Hund eine Kuhherde oder die Schafe
auf der Weide nicht von hinten zusammen, sondern bellt nur
und springt sie so an, wie er grad möchte. Mit dem Ergebnis,
dass die Kühe und Rinder von ihm wegspringen. Wenn er
aber auf einer Weide für uns hundert Tiere durch einen Gat-
ter treibt, stellt er auf dem Hof natürlich eine volle Arbeitskraft dar.
Unser Hund hört auf uns und befolgt unsere Kommandi.
Doch mit «Platz!» oder mit «Sitz!» geht bei ihm nichts. Das
kennt er nicht.

Fiddu gibt mir viel. Weil er uns lange Zeit Arbeit abgenom-
men hat und auf der Weide früher oft behilflich war, be-

kommt er ein klein wenig mehr Aufmerksamkeit von mir als die anderen Hoftiere. Er hat bei unserer Garderobe in der Küche einen grossen Wäschekorb mit einem Kissen für sich. Unser Hund ist nie angebunden.

Heute ist unser Hund alt und hört nicht mehr gut. Als er etwa zehnjährig wurde, ist uns aufgefallen, wie er auf Rufe weniger schnell reagierte. Also haben wir angefangen, ihm beim Rufen immer auch noch ein Handzeichen zu geben, rechts und links zu zeigen. Ziehe ich die Wanderschuhe an, um die Kälber und Rinder von der Weide zu holen, legen wir ihm das Halsband an. In früheren Jahren bedeutete das Halsband für ihn dann stets Arbeiten und er spitzte die Ohren. Wenn Fiddu heute einmal sein Halsband bekommt, hat er vermutlich vergessen, dass es zu den Tieren auf die Weide geht, und er spielt weiter mit den Kindern.

Als wir noch nicht Kinder hatten, war ich hie und da auf dem Hof abends allein zuhause. Wir hatten Marder im Haus, und oft waren im Finstern Geräusche zu vernehmen, die wir sonst nicht gehört haben. Und wenn ich dann Angst hatte, kam der Hund neben mein Bett, um zu schlafen. Immer, jede Nacht. Und immer nur bis zu dem Moment, als er draussen ein Auto zum Hof fahren hörte und mein Mann von seiner auswärtigen Arbeit nach Hause kam. Dann ging Fiddu, natürlich unaufgefordert und ganz selbständig, hinaus auf den Hofplatz um zu sehen, wer aus dem Wagen steige. Anschliessend legte er sich in der Küche in seinen Korb, um dann weiterzuschlafen. Das ist zwischen uns bis heute geblieben. Da schläft und liegt der Hund vor meinem Nachttischchen auf der Bettvorlage, ohne jeden Kontakt zu mir. Einfach nach dem Motto «Ich bin da.»

Am meisten hatte ich über Fiddu gestaunt, als wir unsere Kinder bekommen haben. Nie war bei ihm ein Zeichen von

Eifersucht auszumachen. Obwohl er seine meiste Zeit mit Erwachsenen zusammen war und kleine Kinder noch gar nicht kannte. Er war vom ersten Tag an ein stiller und treuer Beschützer unserer Kinder. Und schon in der Wiege hatten die Kleinkinder offenbar seinen Beschützer-Instinkt angesprochen.

«Bleib!» bedeutet für den Hund, der Gegenstand gehört mir und du wirst ihn für mich beschützen. Das kann eine Wasserflasche oder ein Kinderbett sein, ein Schaf oder das neugeborene Kälbchen. Der Befehl «Bleib!» heisst, das gehört der Bäuerin und wird unter keinen Umständen berührt. Einmal ging es so weit, dass mein Schwiegervater bei seinem Besuch nichts zu trinken bekam, nur weil ich irrtümlicherweise dem Hund gesagt habe, er müsse nun beim Teekrug warten und auf ihn Acht geben. Ich will damit sagen, wie gut unser Hund gehorcht. Nun macht er in seinem Alter nicht mehr alles mit. Zum Beispiel treibt er auf der Weide die Tiere noch immer tipptopp zusammen, nur fährt man ihn mit dem Jeep ans äussere Ende und lässt ihn – aus Rücksicht auf sein Rheuma – nicht mehr beide Wegstrecken rennen.

Fiddu ist eigentlich ein männlicher Name. Das ist sehr untypisch für eine Hündin. In ihrem Namen fügen sich gleich mehrere Wörter und Charaktereigenschaften zusammen, etwa «Filou», «fidel» für lustig und heiter, aber auch der Begriff «fides», der Treue, Selbstlose, Hilfreiche, Ursprüngliche – und vielleicht noch weitere Grundtugenden.

Bäume

Unsere Kiefer stand mitten auf dem Hofplatz. Sie war einfach da, direkt vor meinem Küchenfenster, zwischen dem Wohnhaus und den Ställen, Maschinenhallen und Scheunen. Im Laufe der Zeit wurde der Nadelbaum breiter und breiter, er war nicht nur kein schöner Anblick mehr, sondern stellte für alle, die auf den Hof zu Besuch kamen, ein Hindernis dar. Für mich aber wurde er zum Ärgernis. Dabei war der Baum früher einmal richtiggehend ein Paradies. Die Kinder konnten bis zum Wipfel klettern oder im Innern auf seinen Ästen herumturnen. Die Kiefer auf dem Hofplatz gehörte zum Bild unseres Bauernhofes wie eine alte Linde hinter den Gebäuden. Letztere befand sich schon seit Urzeiten dort, als hätte der mächtige Baum nach der Wetterseite hin den Miststock, die Brunnen und Kuhställe zu beschützen. Die Hofplatzkiefer dagegen wurde erst vor knapp fünfzig Jahren beim Fest der Aufrichte des neuen Hofes gepflanzt. Als symbolischer Abschluss nach dem grossen Brand, der den Schwiegereltern mit dem Bauernhaus gleich alles zerstört hatte.

Als keine Jungmannschaft mehr auf der Kiefer herumturnte und den Stamm hinaufkletterte und sie vor dem Haus nur mehr im Weg stand, begann ich eines Abends mit meinen Mann die Baumfrage zu diskutieren. Doch er wollte sich gar nicht auf ein Gespräch einlassen und gab erneut all das zu bedenken, was ich aus seinem Mund schon mehrfach gehört hatte: Aber, nein. Stell dir doch vor, was uns der Baum bedeutet. Du weisst, zu welchem Anlass und warum man ihn hier gepflanzt hat.

– Zum Abschluss des Neubaus, weiss ich doch, erwiderte ich und fügte hinzu: Mal Hand aufs Herz. Der Baum ist zu mächtig und viel zu breit geworden. Er gibt bloss Schatten und macht uns jedes Zimmer, die ganze Wohnung finster.

– Nein, wie kannst du nur, unser schöner Kieferbaum – …ist heute nur mehr hässlich, unterbrach ich meinen Mann: Beim besten Willen, «schön» ist für mich anders. Dann bat ich ihn in die Küche und sagte: Bitte, schau es dir selber an. Vor meinem Fenster, beim Herd und Abwaschbecken, unseren so «schönen» Kieferbaum. Da ist bei meiner Küchenarbeit nur mehr schattiges, dürres Zeug zu sehen. Der Baum mit den vielen herabhängenden, schwarzen Ästen bekommt kaum je wieder neue Nadeln, und doch lässt das Monstrum uns keinen einzigen Sonnenstrahl mehr durch.

Damit war unsere Diskussion beendet. So ist mein Mann. Denn auch er will sich nicht von einem Baum, der zu nichts mehr taugt, zum Sklaven machen lassen. Sogleich stellten sich uns lediglich noch die beiden Fragen: Wann in den nächsten Tagen soll die Motorsäge angeworfen werden? Und, welches neue Bäumchen auf dem Hof könnte unseren Kieferbaum ersetzen?

Mein Mann und ich stellten uns immer wieder der Frage nach Tradition in dem Sinne, dass wir sie zusammen überprüften. Und nach Gesprächen entschieden wir dann, was für uns von all dem, was den Vorfahren und ihren Lebenserfahrungen überliefert ist, noch stimmt und auch für unseren Betrieb noch immer wertvoll sein könnte. Doch anderes, das uns nur mehr einengt, lassen wir einfach weg. Auf alte Zöpfe und auf nicht mehr Zeitgemässes zu verzichten, hatten ich und mein Mann nie grosse Mühe. Denn wir möchten uns heute auf dem Hof, als eine von vielen Generationen, so geben können, ohne als Bäuerin immer genau noch die gleiche

Einstellung wie meine Mutter zu haben oder in jeder Frage – betreffe es nun den Garten, die Mitarbeit auf dem Feld oder die Erziehung der Kinder – die Meinung der Schwiegermutter oder der Grossmutter zu übernehmen. Selbst dann noch, wenn ein Satz fällt, das oder jenes habe man hier immer auf diese Weise ausgeführt und nicht anders. Dabei sind mein Mann und ich bestimmt Menschen, die zum einen an Traditionen hängen und Traditionen unserer beiden Familien hochhalten und schätzen, aber andererseits doch nicht ständig denken müssen, dass auf einem Bauernhof alles Gute stets von anderswo herkommen werde.

Seit jener Diskussion über den Kieferbaum vor dem Küchenfenster und auf dem Hofplatz hatten wir mehrmals nun schon diese Begebenheit als Beispiel genommen, um in ganz anderen Bereichen – aber eben ein, zwei Jahre später auch in einer weiteren Baumfrage – Lösungen zu finden. Man kann sagen, dass ein jeder Baum, den wir fällen wollten oder aus welchen Gründen auch immer zu fällen hatten, an unserem Küchentisch Anlass zu langen Gesprächen gegeben hatte. Etwa der alte Lindenbaum hinter dem Haus. Wie lange Zeit hatte ich mich da gegen sein Fällen gewehrt, bis ich mich dann doch den Argumenten meines Mannes beugen musste. Er sagte schliesslich zu Recht, der Baum werde Jahr um Jahr nicht nur älter, sondern bedrohe, viel zu nahe am Ökonomiegebäude, vor den Kuhställen die Menschen und die Tiere. Denn es könnte jederzeit, und beim Westwind erst recht, der eine oder andere faule Ast herunterfallen. Zudem musste jemand mehrmals im Jahr auf die Dächer klettern, um Ziegel und Dachtraufe zu reinigen und Blätter aus der Dachrinne zu kehren.

Wenn ich Geschirr spüle und vor dem Kochherd stehe, ist der Blick zum Küchenfenster hinaus heute für mich eine Freude.

Das neue Tannenbäumchen prunkt nicht nur mit viel Grün und ist kerngesund, es lässt mir den Blick wieder frei und stellt für keine landwirtschaftlichen Maschinen und niemanden, der zu uns auf Besuch kommt, ein Hindernis dar. Und der Kompromiss hinter dem Haus war später ähnlich, denn mein Mann pflanzte anstelle des morschen Lindenbaumes, allerdings einige Meter weiter weg von den Gebäuden, drei andere junge Bäume.

Satisfaction personelle

Ich bin hier eigentlich zufrieden. Mit den Jahreszeiten und dem Tagesablauf auf unserem Hof. Ich finde mich im Dorf und in der rauen Gegend des Juras mittlerweilen gut zurecht, kann mich auch all den Aufgaben widmen und zuwenden, die mich als Bäuerin täglich erwarten. Ich möchte mit niemandem mehr tauschen. Für mich stimmen die Lebensbereiche auf unserem Bauernhof. Muss ich im Stall die Kälbchen tränken, dann gehe ich morgens und abends zu ihnen in den Stall. Muss ich bei der Getreideernte oder im Heuet mithelfen und aufs Feld gehen, dann bin ich auch dort auf dem Feld, wo man mich braucht.

Die Zeit vergeht jeden Nachmittag wie im Flug, und ich sollte jetzt kurz nach vier Uhr mit dem Rüsten der Äpfel und mit dem Zubereiten des Abendessens beginnen. Paul, mein Mann, und unser Lehrling aus der Deutschschweiz möchten nämlich pünktlich, spätestens um viertel vor fünf, wenn sie beide von draussen kommen, eine warme Mahlzeit auf dem Tisch haben, bevor es für sie noch ans Melken und zu den weiteren Stallarbeiten geht.

Ich selber habe im Anschluss an unsere dritte Mahlzeit – nach dem Frühstück um sieben Uhr und dem Mittagessen – erst rasch die Küche fertig zu machen, dann kommt für mich bereits wieder der Moment, wo im Stall die Kälbchen zu tränken und das Jungvieh mit frischem Wasser, Stroh oder ein wenig Heu zu versorgen sind.

Sobald ich das erledigt habe und mit dem Stall fertig bin, geht mein Tag auch schon langsam zu Ende. Das heisst, dass ich sehr oft einen langen Abend habe und tun und lassen kann, was mir grad gefällt. Hie und da gehe ich dann mit unserem Hund auf einen längeren Abendspaziergang, wenn ich im Verlaufe des Tages dafür die Zeit noch nicht gefunden habe. Ich bin nach einem Arbeitstag meistens doch ziemlich müde. Es kann aber gut vorkommen, etwa in den Wintermonaten, dass ich am Abend manchmal noch eine angefangene Handarbeit hervornehme und mich vor den Fernseher setze, um zu stricken. Oder ein anderes Mal, wenn ich während des Tages kaum Zeit gefunden habe, sehe ich in der Stube die Post durch, fülle noch Formulare und Rechnungen aus oder werfe einen ersten Blick in die Zeitungen. Paul und ich schalten unseren Fernsehapparat nicht regelmässig, und auch nicht jeden Abend, ein. Jeden Montagabend besuche ich im Schulhaus das Frauenturnen, und hin und wieder kommen abends der eine oder andere Nachbarsbauer oder meine Cousine auf Besuch. Früher kamen oft unsere beiden Töchter, doch gegenwärtig sind diese Besuche nicht gut möglich. Jeanne, die Ältere, arbeitet als Angestellte in einem Büro der Nahrungsmittelindustrie, ist seit Kurzem mit einem Landwirt verheiratet und im sechsten Monat schwanger. Anne-Catherine dagegen, unsere zweite Tochter, flog mit ihrem Lebenspartner unlängst in den Senegal, wo sie sich für ein Jahr bei der international bekannten Organisation «Médecins sans frontières» als Krankenschwester und Arzt verpflichtet haben.

Nach dem Aufstehen um Viertel nach sechs oder halb sieben mache ich jeden Morgen als Erstes alle Fenster auf. Anschliessend verlasse ich Küche und Bauernhaus und gehe durch die Tenne in den Stall, um unsere Jungtiere zu tränken. Ich gebe den Kälbern frische warme Milch. Dann bekommen sie ein wenig Gras oder im Winter Heu zu fressen. In der Zwischenzeit ist Paul, mein Mann, auch bereits mit dem Melken der Kühe durch, und so habe ich das Milchgeschirr und die Melkmaschine zu waschen. Wenn ich das erledigt habe, begebe ich mich wieder zurück in die Küche, mache die Heizung an und drehe überall in der Wohnung die Radiatoren auf. Zurück in der Küche, mache ich Kaffee, warme Milch und stelle uns am Küchentisch das Z'morge hin. Sobald Paul, ich und Maik mit dem Frühstück fertig sind, gehe ich ins Schlafzimmer und mache unsere Betten. Darauf schliesse ich im ganzen Haus sämtliche Fenster und mache da und dort in der Wohnstube ein wenig Ordnung.

Schon bald wird es Zeit für Einkäufe und die kleinen Kommissionen, was man halt so braucht. Ich ziehe mich an und gehe rasch ins Dorf. Meistens hole ich in der Bäckerei auch ein frisches Brot, seit ich nicht mehr, wie früher, das Brot selber backe. Heute brauche ich den Backofen nur mehr hin und wieder, um mal einen Früchtekuchen oder vielleicht auf den Sonntag hin einen Schokolade-Cake zuzubereiten.

Bin ich dann vom Einkaufen aus dem Dorf zurück, kommt meistens schon der Postbote oder es klopft sonst jemand bei uns an die Haustüre. Etwa eine Nachbarin, die ein Ei oder eine Zitrone zum Backen entlehnt. Oder zwischendurch sucht der Metzger, manchmal auch ein Viehhändler, nach dem Bauer. Wenn Paul und Maik anschliessend vom Stall mit ihnen noch in die Küche kommen, sollte ich den Männern schon einen Kaffee oder ein Glas Fendant anbieten.

In der Zeit vom Frühling bis in den Spätherbst, jedoch hauptsächlich in den Sommermonaten, bin ich die meisten Nachmittage, je nach den Ernten und Arbeiten, die grad anstehen, zusammen mit Paul und unserem Lehrling draussen auf den Feldern anzutreffen. Beim Heuen und Emd einfahren. Während der Weizenernte gibt es für mich mit Stroh zu tun. Oder ich habe im Sommer auch selber Früchte zu ernten, Kirschen, Erdbeeren; bin regelmässig im Gemüsegarten beschäftigt. Dann habe ich oft nachmittags oder gegen Abend mit Einkochen der Beeren oder Blanschieren von Spinat oder Bohnen in der Küche, dem Einwintern von Karotten, Rotkohl und Randen im Keller zu tun.

Ich fühlte mich um Paul herum all die Jahre eingeschränkt – bis ein eigenes Auto angeschafft wurde. Der Wagen hat jetzt mein Leben in einer nie geahnten Weise verändert. Zum grossen Glück. Hauptsächlich seit jener Stunde, als ich selber auch einen Führerschein in der Tasche gehabt habe. Das war ein entscheidender Moment. Seither hat sich doch alles, Haushalt, Hof, auch die Gegend am Fusse des Jura, die Gemeinde und unser ganzes Dorf, für mich verändert. In ganz ungeahnter Weise hat sich mein Blickwinkel gewandelt. Heute fühle ich mich entschieden weniger abhängig. Endlich kann ich sein wie meine beiden Brüder und meine jüngere Schwester, kann als Bäuerin so sein wie all die andern Frauen auch. Es ist ein so gewaltiger Unterschied gegenüber den ersten Ehejahren mit Paul. Es ist wie Tag und Nacht, dieser Unterschied zu früher.

Seit ich einen eigenen Führerschein habe, kann ich ihm am Morgen noch das Frühstück zubereiten, im Stall die jungen Tiere versorgen und die Kälbchen tränken, kann den beiden, Paul und dem Lehrling Maik, noch ein Mittagessen vorkochen, aber zwischendurch, zwischen meinen Arbeiten in der Früh und am Abend, da kommt man mit einem Auto sehr weit. Ich kann abhauen, kann mich aus dem Staub machen. Und ich kann sogar aus purer Lust und reiner Freude bis jenseits des Lac de Neuchâtel und der Sarine kommen, nach Fribourg und Bern oder nach Basel und Zürich. Ja, bis in die Ostschweiz, wo ich geboren und aufgewachsen bin. Mit dem

Auto und dem Führerschein liegt mir sozusagen die ganze Deutschschweiz zu Füssen, und ich kann den Thurgau und dort meine Verwandten, die Brüder, die Schwester und ihre Familien, besuchen.

Als wir, meine Eltern und Geschwister, im Kanton Thurgau den Bauernhof aufgeben mussten und in den Kanton Genf umzogen, mit der ganzen Landwirtschaft, dem Haushalt, dem Vieh und allem und auf einer der Anhöhen des Jura dann eine neue Heimat fanden, wollte ich zunächst wieder in die Ostschweiz zurück. Immer hatte ich in mir die Sehnsucht nach der Weite dort, nach dem Bodensee und dem Untersee, dem Rhein, nach den Thurgauer Bauerndörfern mit ihren alten Riegelbauten, den Geranien und Vorgärten vor den Häusern, den Rebbergen bis hoch über das Tal der Thur und all den unzähligen Obstbäumen und Hofstätten um die Einzelhöfe. In der Westschweiz habe ich zudem meine Muttersprache nicht mehr sprechen können und habe vor allem, neben meinen Brüdern und meiner Schwester, die Ausdrücke in unserem Dialekt vermisst. Ich habe zwar mit sechzehn das Welschlandjahr hier verbracht und im Kanton Genf Französisch gelernt, also noch bevor den Eltern unser Pachtbetrieb im Thurgau gekündigt wurde. Doch zu der Zeit hätte ich mir nie vorstellen können, auf einmal wieder hieher, in unsere raue Jura-Landschaft, zurückzukehren.

Hier im Welschland waren wir damals immerhin eine Clique. Alle waren wir Deutschschweizerinnen aus dem Thurgau. Aber im Bauerndorf selber war, wie auf dem Hof meiner Eltern, nicht viel los für uns junge Frauen. Da, wo ich mit sechzehn hinkam, damals war es noch nicht am Stadtrand von Genf, war eine grosse, sehr moderne Landwirtschaft, eine Art Musterbetrieb, denn der Hof meiner Meistersleute hatte weit über den Kanton hinaus etwas gegolten. Es gab also für mich daneben einzig die Gruppe von uns Deutschschweizern. Wir waren etwa vier oder fünf Mädchen und gleich viele junge Burschen. Mit Paul und seiner Fussball-Mannschaft etwa oder mit den anderen Bauernsöhnen hier und ihren Freunden haben wir natürlich nicht verkehrt, denn ein Kontakt mit gleichalterigen Welschen war auf beiden Seiten verpönt.

Als ich siebzehn Jahre alt war, wie unendlich gern wäre ich vom Land weggezogen und hätte es als Bauerntochter in irgendeiner Stadt auf der Welt schön haben wollen. Nur diesen einen Wunsch! Nahe beim Cinéma leben zu können, in Caféhäusern und Strandcafés sitzen und sich in der Sonne räkeln. Der Traum vom Dolce far niente, und jeden Abend in einer anderen Bar tanzen gehen.

Mein Verlangen nach der Stadt hat sich im Verlauf der vergangenen Jahre geändert, nicht zuletzt durch die Ausbildung unserer beiden Töchter. Und dies grundlegend und so ziemlich durchgreifend, denn wir haben hier auch mehr und mehr mitbekommen, dass es mit dem angenehmen Leben in den Städten für unsereins nicht immer weit her ist. Nein, wirklich! Das, was da die Prospekte und Reisewerbung, die mir fast täglich ins Haus flattert, vorgaukeln möchte, ist oft nicht reell, ja, kann meistens gar nicht stimmen. Allein schon, wenn ich zu Stosszeiten oder am Feierabend in der Innenstadt von Genf den Verkehrslärm höre. Wirklich, ich könnte die Hektik und Ähnliches heute rein unmöglich mehr ertragen. Allein schon aus dem Grund möchte ich unsere ländliche Gegend am Rande der Grossstadt, unsere Wiesen und Felder wie auch den Jura und seine bewaldeten Hügel- und Höhenzüge, nicht missen, und ich möchte, ganz im Unterschied zu früheren Zeiten, auf gar keinen Fall mehr wegziehen, weder aus meinem Dorf noch aus unserer Gemeinde zwischen Stadt und der Grenze zu Frankreich. Schon die Katze mit ihren Jungen könnte ich doch nicht plötzlich allein zurücklassen.

Manchmal dünkt mich, ich möchte in meinem Leben noch etwas Zusätzliches oder Besonderes machen. Hie und da etwa für die betagten Menschen in unserer Gegend da sein, den älteren Leuten in unserem Dorf ein wenig Gesellschaft leisten, wenn es ihnen langweilig ist. Auch möchte ich mich hier ebenso für die eine oder andere Familie mit kleineren Kindern einsetzen können. Oder, für die Kirche unseres Dorfes. Ich wünschte mir in meinen freien Stunden mehr und mehr eine kleine Nebenbeschäftigung. Eine Beschäftigung, die ganz und gar unverwechselbar ist. Am allerliebsten möchte ich so etwas im Versteckten und Geheimen tun, obschon ich weiss, dass man es hier bei uns nicht machen kann. Es ist unmöglich, etwa rasch in die Dorfkirche hinauf zu gehen – obschon wir ganz in der Nähe wohnen –, ohne dass Leute vom Dorf mich sehen würden.

Im vergangenen Herbst habe ich nun den Sigrist oder Consièrge und den Pfarrer gefragt, ob ich denn nicht hin und wieder vor einem Sonntag unsere Kirche im Innern mit Blumen oder Efeu ein wenig schmücken könnte. Es wäre für mich eine Satisfaction personelle und würde mir Freude machen. Einfach so. Als ein rein persönliches Bedürfnis, allerdings nur unter der Bedingung, dass sich nie jemand aus dem Dorf mir gegenüber zu einem Dank verpflichtet fühlte. Auf diese Weise begann für mich etwas Neues, das ich in meinem Leben noch nie versucht und gemacht habe.

Ich dekoriere immer mit ganz einfachen Mitteln. Heute habe ich im Wald oben bloss wieder mit der «Annette» zusammen ein paar Efeuzweige geholt. Mir fiel mit der Zeit nämlich auf, dass in unserer Kirche nie eine Zimmerpflanze oder ein paar Blümlein standen. Es hat mich zudem beschäftigt, als ich hörte, wie Pfarrer oder Consièrge nach einer Trauung am Samstag die Brautleute oft baten, vielleicht ihr Hochzeitsbouquet der Kirche zu überlassen.

Nun, in diesem Winter habe ich manchmal bloss einen Tannenzweig hingelegt. Gelegentlich eine einzelne Blumen oder bloss eine selber gezogene Kerze. Für Palmsonntag, wo dann Konfirmation sein wird, könnte ich wieder einmal ein etwas grösseres Blumenbouquet zusammenstellen, oder ich nehme dann gleich das grosse Blumenarrangement aus unserer schönen Stube. Doch, die könnte ich zwischendurch mal für ein paar Stunden rasch hinauf in die Kirche tragen, und nach der Feier und der Palmsonntagspredigt könnte ich diese Blumenschale ja wieder zu uns ins Bauernhaus zurückholen. Auf diese Weise profitierten gleichzeitig ja alle, die Kirche und ich. Nein, mir selber würde es viel mehr bringen, wegen der Satisfaction personelle.

Ungewissen und Zuversicht

Man muss als Bäuerin erst einmal lernen, von einem Tag auf den anderen zu leben. Im Grunde hat man seine Arbeiten immer so zu verrichten, wie diese auf einen zukommen und was diese gerade von dir verlangen. Auf einem Bauernhof können weder der Landwirt noch seine Frau wirklich etwas genau im Voraus planen. Wenn ich mir etwa vorstelle: Wir möchten, bloss einmal im Jahr, wegfahren mit der ganzen Familie, einen kleinen Ausflug machen, dann sagt mein Mann: Heute gehts gar nicht. Ganz plötzlich hat er wieder eine kranke Milchkuh im Stall, oder ein trächtiges Rind hat seinen Termin und sollte das erste Kälbchen werfen. Da lebt mit den Tieren, der Getreideernte oder dem Wetter stets das Ungewisse an deiner Seite. Eines aber weiss man auf jedem Bauernhof und weiss man seit Menschengedenken in jeder Bauernfamilie: Es wird Tag und Nacht immer genug zu essen geben. Und dass alle – und zu jeder Jahreszeit und in jeder Gegenwart – ein Dach über dem Kopf haben werden.

Die Texte basieren auf Gesprächen mit Landfrauen und Bäuerinnen aus verschiedenen Generationen und Landesgegenden. Die sprechenden Personen sind frei erfunden, ihre Aussagen dagegen nicht. Auf Wunsch der Gesprächspartnerinnen sind die Eigennamen der Personen oder näheren Bezeichnungen der Höfe geändert.

Mitarbeit Martin Dreyfus